REFLETS DE L'ÂME FASCISTE

Augusto TURATI

REFLETS DE L'ÂME FASCISTE

Préface de Benito MUSSOLINI
Postface de Gabriele ADINOLFI

Traduit de l'italien par
Fernand HAYWARD

Reconquista Press

Initialement publié en italien sous le titre *Ragioni ideali di vita fascista* par Berlutti (Rome) en 1927 puis en français sous le titre *Reflets de l'âme fasciste* par Social Éditions (Paris, Bruxelles) en 1928.

ISBN : 978-1-912853-02-1

PRÉFACE

C E LIVRE, qui voit le jour dans une circonstance particulière-ment significative et solennelle pour tous les fascistes, est un livre de passion, de foi et de sagesse. La passion sans la foi peut aboutir à un élan désordonné ; la foi sans la passion peut tomber dans le conventionnalisme routinier et froid ; la passion et la foi, unies à la sagesse, déterminent au contraire l'harmonie de toutes les qualités les plus hautes de l'esprit humain et l'équilibre parfait.

L'auteur de ce livre, le consul Augusto Turati, Secrétaire Général du Parti National Fasciste est, lui aussi, tel dans la réalité de la vie et dans ses œuvres qu'il apparaît à la lecture de son ouvrage : un homme de passion, de foi et de sagesse.

Venu de province à Rome, depuis deux ans au moins, il est encore fermement attaché à son coin de terre dans lequel le fascisme n'a remporté la victoire qu'au prix d'un dur effort et en surmontant les difficultés les plus ardues. Dans la province de Brescia, les vieux partis traditionnels étaient actifs ; tandis que le socialisme recrutait le gros de son armée dans les masses ouvrières industrielles, le Parti populaire avait pénétré profondément dans les masses rurales des vallées comme de la plaine. Dans la ville — justement fière de ses splendides traditions patriotiques —, la démocratie et le libéralisme avaient encore des forces qui se réclamaient moins des anciennes doctrines que des hommes qui s'étaient acquis une renommée et un prestige nationaux. Tel est le milieu que l'action tenace et constante de M. Turati a profondément transformé. Il a rallié au fascisme, et non seulement d'une manière superficielle, sa province tout entière.

M. Turati est avant tout un combattant. Il est venu presque directement des tranchées au fascisme. Il y a en lui quelque chose qui révèle l'âme méditative et dédaigneuse tout à la fois de l'ancien fantassin.

Avant d'être un homme politique, il a été un chef d'escouade et un combattant pour le fascisme. Sa « légion » est, du point de vue politique et militaire, digne du fascisme. Elle l'a bien montré au cours des horribles journées du Gleno avec sa compagne, la Légion garibaldienne de Bergame. Les Chemises noires furent alors magnifiques de hardiesse et d'humanité.

Venu des tranchées et de la Milice, après une année de préparation en qualité de Vice Secrétaire Général, M. Turati acceptait la charge, comportant un labeur et des responsabilités écrasantes, de Secrétaire Général du Parti. Quand je lui en fis la proposition, il me répondit simplement : « C'est bien. » C'était, une fois encore, le fantassin qui acceptait un ordre avec simplicité, sans discuter, tergiverser ou opposer des réserves ou des conditions.

Depuis lors, fort de l'approbation pleine et entière témoignée à plusieurs reprises par le Grand Conseil, M. Turati dirige la barre du Parti et les masses des adhérents ont compris et approuvé parfaitement sa manière.

Manière immuable, puisque le fait d'être passé comme Secrétaire Général du Parti fasciste au premier plan de la politique nationale — dans l'inévitable lumière d'une notoriété accrue — n'a pas altéré chez M. Turati l'équilibre fondamental de sa nature. Il a su rester à sa place, ce qui, sans qu'il y paraisse, est assez difficile. La pratique de la politique ne l'a pas exalté, ni rendu moins énergique ; une plus vaste expérience n'a pas laissé entamer son ardente passion sous l'action de cet acide qu'est le scepticisme. Ni les misères ni les amertumes ne lui ont fait perdre la mesure ; ni les difficultés la générosité de son esprit. Le présent volume atteste avec précision tout cela. C'est une page d'histoire du fascisme écrite par un homme que je place au nombre des plus fidèles de la Révolution fasciste.

Benito Mussolini

Roma 24 aprile 1927 - T

NOTE DE L'ÉDITEUR

A PRÈS cinq ans d'exercice du pouvoir, le fascisme a ramené la confiance et la prospérité en Italie, et le monde entier suit avec surprise et envie les résultats étonnants de ce régime sans précédent dans l'histoire.

À son sujet, l'on a lu des études, des comptes rendus, des statistiques, des chiffres. Connaît-on aussi couramment les caractéristiques moins matérielles mais non moins saisissantes et précises qui reflètent l'âme fasciste ? C'est peu probable, et cependant il faut les connaître si l'on veut pouvoir comprendre véritablement ce grand mouvement dont l'« idée » est le puissant ressort.

Ce livre est destiné à faire saisir au lecteur le fond et les nuances d'une âme qu'il ignore sans doute. Il réunit quelques-uns des passages les plus significatifs des discours et des articles prononcés et écrits par M. Augusto Turati, au cours des six premiers mois de ses fonctions de Secrétaire Général.

Il comprend aussi des fragments d'articles et d'instructions qui datent de quelques années en arrière et qui démontrent que l'œuvre actuelle du Secrétaire Général n'est pas improvisée, mais qu'elle est le prix d'une longue et pénible préparation.

Le livre s'achève par une série de lettres du combattant Augusto Turati, lettres dans lesquelles le lecteur trouvera la preuve des véritables origines du fascisme, né dans la tranchée de 1915 à 1918.

C'est un livre de foi, de spiritualité, de passion, mais aussi de discipline volontaire et de certitude : c'est le livre d'un homme sincère.

———————

« *Je jure de suivre sans discuter les ordres du Duce et de servir de toutes mes forces et, s'il est nécessaire, au prix de mon sang, la cause de la révolution fasciste.* »

INTRANSIGEANCE

STYLE FASCISTE

JE ne fais pas l'éloge du fascisme romain et de ses dirigeants qui ont cependant donné des preuves d'entrain, de ferveur et de foi, parce que je pense que ces qualités elles-mêmes font partie du style fasciste que nous voulons imposer à nous comme aux autres. Trop souvent nous assistons au phénomène de l'encensement mutuel, trop souvent nous assistons à des concours de flatterie. Le Duce, usant d'une de ces expressions sculpturales dont il a le secret, a incarné dans une figure de héros et d'audacieux l'image du nouvel italien, du vrai fasciste : De Pinedo[1]. Mais De Pinedo est fasciste non seulement parce qu'il a survolé les continents avec une audace merveilleuse, mais parce que toute sa ligne de conduite, faite de sévérité, de simplicité, est vraiment l'expression de la conception la plus pure et la plus vivante de notre âme nouvelle, de cette âme qui doit se débarrasser de toutes les entraves, de tous les liens, de toutes les structures du passé, de toutes les hypocrisies.

Tout cela, qui semble très facile, devient au contraire fort pénible dans la réalisation quotidienne. Il faut par-dessus tout un effort patient sur nous-mêmes, une discipline constante de nos gestes, une intransigeance substantielle qui n'a peut-être pas les grandes lignes de l'intransigeance absolue, mais qui exige une patience plus grande et un sens plus net de la responsabilité.

---

[1] Francesco De Pinedo (1890-1933) : aviateur surtout connu pour ses vols de longue distance en hydravion à coque dans les années 1920 qui démontrèrent la faisabilité du transport aérien mondial. (NDÉ)

Il faut réagir contre toutes les plus douces invites. Il faut apprendre à mépriser bien des choses que nous avons aimées hier.

Les hommes de la vie nouvelle

Nous nous prenons parfois à éprouver de l'admiration pour ces formes du snobisme intellectuel qui ont représenté dans le passé le triomphe d'une intelligence et d'une culture artificielles. Il faut savoir être simple et avoir l'orgueil de sa simplicité. Il faut aimer par-dessus tout les formes naturelles de la vie, même si cela peut sembler dénué d'héroïsme et de splendeur.

Avec cette sensibilité généreuse et vive qui le caractérise, le Duce exaltait récemment la force et la passion de ces cultivateurs qui bâtissent, en Italie, la puissance nouvelle, et stigmatisait de son mépris la foule de ceux qui bornent leur activité aux bals et aux frivolités ; et tous les fascistes applaudirent cette mercuriale.

Tout cela, cependant, ne peut suffire. Il faut que nous sentions vivement au-dedans de nous la nécessité et la beauté d'être tels que le Chef nous veut : les hommes de la vie nouvelle, conscients de la grande tâche qui les attend.

En d'autres termes, il faut préparer, éduquer notre esprit selon ce rythme de vie qui ne peut se contenter des choses frivoles, mais qui fonde sa discipline sur la vision des buts les plus élevés.

La tâche actuelle du fascisme

Des critiques à tous crins ont affirmé parfois que le Parti, après avoir réalisé le vaste plan des réformes fascistes, aurait terminé sa mission. Je me permets de ne pas partager le sentiment de ces critiques. Et je crois ne pas exagérer en affirmant que la tâche la plus difficile du fascisme commence peut-être à partir d'aujourd'hui. Sans entrer dans l'examen particulier des entreprises et des fonctions, il suffira de faire allusion à deux grandes réformes : la discipline juridique des syndicats et la loi sur les podestats. Pensez que la loi n'est que la discipline, la formule dans le cadre de laquelle doit se développer l'activité multiple ; pensez que le fascisme a la grande tâche de préparer les âmes et les consciences à la connaissance des raisons de la loi et à la nécessité de sa fonction, afin de ne pas en faire un cadre rigide, mais une chose toute vivante au cœur même des individus, qui rassemble leurs énergies : vous aurez alors la sensation de l'immense effort et de l'entreprise sublime qui vous attendent.

La manie des hyperboles

Si l'action des dirigeants a été jusqu'à hier fondée sur une grave responsabilité grâce aux conditions de lutte et de résistance, à partir de demain ces responsabilités seront démesurément accrues parce que chacun devra sentir dans sa plénitude l'importance du rôle éducatif qui ne saurait se réduire à la propagande verbale mais qui doit se concrétiser en œuvres réelles.

Il y a, d'autre part, un autre danger dont nous devons nous garder : la manie des hyperboles qui, trop souvent, amène à commenter, en des termes qui prennent une fâcheuse saveur d'ironie, les gestes de nos jeunes gens dictés par une si grande ferveur de foi et une si forte volonté d'action.

Trop souvent, le superlatif employé hors de propos fait perdre la notion précise des rapports et des distances, de telle sorte qu'il arrive qu'un petit homme soit brusquement transformé en un grand chef.

Discours à la Fédération de Rome, 30 avril 1926-IV.

AVEC UNE BONTÉ FORTE

DEPUIS que la confiance du Duce m'a appelé à exercer les fonctions de Secrétaire Général du Parti National Fasciste, j'ai voulu délibérément relâcher les liens d'affection qui m'unissent à vous et interrompre cette vie spirituelle intime qui a été un réconfort dans nos luttes et le seul orgueil de nos quelques victoires.

Je sais que plusieurs d'entre vous en ont eu du regret, jugeant peut-être qu'il était mal de ma part de parler à tous les fascistes d'Italie et non pas à vous, d'écrire dans de nombreux journaux d'Italie et non pas dans le *Popolo di Brescia* qui, s'il n'est pas mon propre organe, est cependant celui du fascisme brescian.

Aujourd'hui seulement au bout de deux mois, je viens au milieu de vous à l'assemblée du Faisceau de la ville auquel vous allez donner un nouveau dirigeant parce que je sens que j'ai à vous dire quelque chose. Je ne puis le dire qu'à vous seuls et vous seuls pouvez le comprendre.

L'esprit fasciste

Il était nécessaire pour moi de savoir me détacher de vous pour démontrer que tout en m'ayant suivi pendant cinq ans, et quand bien même j'avais mis souvent en lumière la raison de l'unité et l'esprit de la discipline, vous sentez l'orgueil d'être uniquement fascistes et non pas les fascistes de quelqu'un qui ne soit pas le Duce.

Et il était bon de prouver également que les hommes du fascisme brescian, devant le brusque éloignement de leur chef, ne se laissaient pas troubler, mais savaient continuer leur route en mettant leur juste orgueil à vouloir être les plus humbles et les plus silencieux.

Si quelqu'un a pu penser que Brescia, certes si glorieuse dans son passé et en même temps si digne par la bataille politique qu'elle a livrée — bataille modeste, patiente, tenace — ait voulu devenir la capitale du fascisme italien, et que, du haut de notre magnifique château, j'aie prétendu vous désigner au fascisme comme des champions magnifiques dans notre vaste groupement politique, ce quelqu'un ne connaissait évidemment pas l'esprit dans lequel nous avons grandi.

Je rappellerai aux camarades de la première heure, qui sont tous ici présents, les paroles et les instructions non pas du Secrétaire Général du Parti, mais du camarade de la longue veillée durant laquelle nous avons sacrifié toute vanité inutile pour ne sentir que la beauté de servir la cause en toute humilité.

Nous pouvons donc bien constater aujourd'hui avec fierté, même si beaucoup d'entre vous en ont douté jusqu'à hier, que le fascisme brescian peut continuer sa route, quand bien même l'homme qui le dirigeait jusqu'à maintenant a dû quitter son poste.

Et nous pouvons regarder avec sérénité le chemin parcouru et serrer dans nos mains avec émotion les fanions des vieilles escouades qui, ce soir, ont quitté la salle des drapeaux pour revoir encore les héros et les défenseurs d'autrefois.

Croyez-vous que je ne vous aie pas tous gardés dans mon souvenir, camarades de la *légion Désespérée*, de la *légion des Loups* et de la *légion des Corridoni*, incorporés depuis trois ans dans les centuries et dans les manipules de notre belle Légion ?

Croyez-vous que je vous juge moins forts et moins audacieux que ceux qui montrent au timide soleil de cet été de 1926 leurs bras nus sous les manches retroussées de la chemise noire et portent sur la tête, non pas le petit casque gris, mais le fez au plumet de diverses couleurs ?

Non, je connais votre ardeur et votre hardiesse et je les aime plus encore ; si je ne les ai jamais célébrées, c'est parce que j'ai senti la beauté de la discipline humble mais grande dans le cadre de la milice.

Épuration et intransigeance

Je sais que ce que je vais vous dire, et d'autres choses encore, ne seront pas du goût de quelques-uns de mes camarades, mais, d'autre part, je pense que la charge des dirigeants consiste à dire les vérités amères sans se préoccuper des sympathies trop faciles et des applaudissements nombreux.

Car il y a des conseils sévères que je dois vous donner et qui peut-être vous déplairont. C'est pourquoi je les ai réservés pour vous seuls.

On parle trop souvent d'épuration, d'intransigeance, de style fasciste.

À chaque renouvellement de la lune, on affirme à nouveau qu'il faut épurer en éliminant avant tout ceux qui ne peuvent pas rendre compte de leur manière de vivre et ne savent pas mettre leur foi au-dessus de leurs intérêts mais, au contraire, se servent souvent du pavillon pour couvrir une marchandise de contrebande.

Et une ironie cruelle veut que ceux qui crient le plus fort en faveur de la pureté soient bien souvent ceux-là mêmes qui s'entendent à réaliser des affaires magnifiques.

Camarades brescians, il faudra bien regarder autour de vous et m'aider à accomplir surtout ici cette œuvre d'épuration en chassant de nos rangs les profiteurs, les exploiteurs, en donnant au besoin comme motif : « parlait trop de pureté sans l'appliquer ».

Camarades de la veillée d'armes, qui avez risqué votre vie sans jamais rien demander, voici une fonction conforme à l'esprit de nos escouades, qui peut continuer à subsister et qui, je vous l'assure, vous donnera pendant longtemps du bon travail à accomplir.

Votre présence, ce soir où vous êtes venus assez nombreux pour remplir la magnifique salle du Palais Vanvitelli, me fait craindre que vous n'ayez ouvert les portes de vos sièges de quartier en violant cette loi de saine intransigeance qui se trouvait et se trouve encore énoncée dans les commandements du Duce, mais je me sens réconforté en constatant que, si je regarde vos visages l'un après l'autre, je retrouve à plusieurs des postes de commandement et de responsabilité les hommes de la veillée d'armes. Et je n'aperçois parmi les autres qu'un petit nombre de ceux qui firent de la politique il y a quelques années dans d'autres camps, même rapprochés du nôtre, tandis que la plupart sont des hommes humbles et obscurs qui, pour avoir eu le bonheur de passer leur jeunesse à la guerre, n'eurent à servir qu'un seul drapeau, celui de la Patrie.

La propriété réservée

Je pourrais plutôt vous demander si, dans chacune de vos entreprises, vous avez gardé foi dans l'esprit de la révolution. Après nous avoir coûté d'énormes sacrifices, des deuils et des douleurs, née d'une profonde transformation des esprits, elle a créé une orientation nouvelle et des disciplines neuves pour la vie italienne. Je devrais donc vous demander si dans chacun de vos gestes, dans chacune de vos initiatives, dans chacune de vos actions, vous avez noblement servi l'esprit du fascisme ou si plutôt vous n'avez pas accepté le facile recours à l'adaptation sans discernement. Si tel est votre cas, vous avez manqué, ce qui est une grave faute, à la saine formule de l'intransigeance substantielle.

Mais si, par contre, vous avez été fidèle à cet esprit, vous pouvez vous rire de l'intransigeance qui se contente d'être une vaine formule de « propriété réservée » pour la petite place obtenue.

Comme Secrétaire Général du Parti, j'ai dû ordonner qu'on fermât la porte au nez d'innombrables postulants, et cela non pas parce que je pense qu'il faut partager les Italiens en deux camps, les bons et les réprouvés, mais parce que je crois que le parti, fort de huit cent mille adhérents inscrits, possède les forces et les cadres suffisants pour sa fonction politique, tout en sentant bien que dans la grande masse des Italiens, assujettis à la discipline du régime, on trouve de nombreux éléments en mesure d'apporter leur contribution de coopération et de collaboration, avec la garantie que leurs buts sont honnêtes et que leur vie est d'une dignité parfaite. La politique du fascisme ne peut être que la politique de ceux qui ont lutté et souffert pour le fascisme et qui ont profondément mûri cette conscience politique, mais elle ne peut être la politique d'exclusion et d'anéantissement de toutes les forces vives et saines du pays.

Je voudrais, à ce propos, vous parler du style fasciste qui doit être par-dessus tout l'expression d'une conscience nouvelle. Mais comme je pense que tout cela doit être vécu plutôt que dit, je ne veux pas me joindre aux chœurs, trop nombreux déjà, de ceux qui, après les premiers appels des dirigeants et des grands organes de la presse, se sont placés à tous les coins de rue pour distribuer des leçons de style fasciste et de mesure, sans s'apercevoir que chacun de leurs gestes dessinait des arabesques savoureusement ironiques autour de chacune de leurs prédications et de leurs paroles.

La tâche magnifique

Après cet exorde qui n'est pas destiné à mortifier votre amour-propre, mais à vous donner la conscience sereine du peu que vous avez accompli avec foi, que quelqu'un d'entre vous ne vienne pas me demander, comme il arrive parfois, quelle tâche est réservée à l'heure présente au fasciste.

Si vous avez, comme je le pense, la conscience de l'esprit de notre révolution et des buts auxquels nous tendons, vous sentirez comme moi que l'heure de la grande épreuve a sonné : l'heure de la maturité des réalisations, de l'intime et définitive préparation spirituelle.

Aujourd'hui, par la volonté du Duce, nous nous apprêtons à ensevelir le vieux monde démocratique et libéral et à donner vie et force à l'esprit fasciste à travers la discipline juridique des syndicats et des rapports entre le capital et le travail.

Vaste et immense problème que se sont inutilement efforcés de résoudre les théoriciens, les savants, les gouvernements et les classes, entraînés les uns par l'attrait des belles utopies et les autres par le tourbillon des nécessités égoïstes en lutte les unes avec les autres.

Seul le fascisme — né du tourment d'une entreprise héroïque — éclairé par la conscience d'une grande tradition historique et humaine, pouvait rêver, vouloir et construire le rythme d'une vie économique qui trouve la raison de sa discipline spontanée dans les lois de la nation et de la patrie, seule réalité et unique souveraineté. Un seul doute subsiste : savoir si cette conscience qu'on trouve dans le parfait esprit du fascisme peut devenir un critérium de vie pour tous les Italiens.

Telle est, camarades, la tâche magnifique confiée à chacun d'entre vous : affirmer et démontrer que chacun sent, au-dessus de sa vie particulière, la beauté d'obéir à la loi suprême de la nation et de la production. Si ce fait se réalise — et je n'en doute pas — la misérable politique d'hier ne sera plus désormais qu'un triste souvenir et les pauvres petits hommes qui s'imaginent encore aujourd'hui se constituer un duché et une cour s'apercevront qu'en face de la grande marche de tout le peuple italien, ils ne sont que des personnages d'une risible opérette.

La force du sourire

Mais je dois vous dire encore quelque chose qui ne sera pas complètement nouveau pour vous, puisque cela correspond à ce que j'ai déjà répété ailleurs.

Il faut que le parti se débarrasse de deux grands défauts qui proviennent du besoin de personnaliser et du besoin de dramatiser.

Il arrive trop souvent que l'on crée, au sujet de quelques individus qui, en servant la cause, pourraient même avoir eu des mérites, l'idée qu'ils sont nécessaires. On arrive surtout à se passionner pour eux au point de faire oublier que chacun d'entre nous doit avoir une volonté unique et un seul chef : le Duce. Si donc il faut une hiérarchie, celle-ci ne doit pas être le moyen commode grâce auquel un individu peut se créer une position individuelle indépendamment de ses qualités propres. Ces créations artificielles répugnent à notre conception unitaire et répugnent même à ce que doivent être des mœurs politiques honnêtes exigeant qu'on ne se serve pas des hommes pour créer des rivalités, mais au contraire qu'on se serve des idées pour dominer les hommes.

C'est un autre grave défaut que celui de vouloir toujours dramatiser la situation au point de faire naître des tragédies de menus faits sans importance. Tout cela est incompréhensible. Il faut parfois interrompre la lutte armée et la remplacer par quelque pensée gracieuse et par la sérénité. En d'autres termes, il faut désarmer les esprits, parce que notre jeunesse doit être avant tout et par-dessus tout sereine et généreuse. Vous ne devez pas éprouver seulement la solidité de votre poing, mais la force de votre sourire, grâce à laquelle parfois on gagne de grandes batailles qui ne font pas de victimes et qui rallient à notre cause des adhérents convaincus.

Une bonté forte

En m'offrant l'ancien fanion du Faisceau de Brescia, vous m'avez fait le présent le plus agréable et le plus cher qui se puisse imaginer. Nous gardons toujours présent à la mémoire ce qu'il représente, et la raison de notre vie de demain sera surtout alimentée par ce que fut notre difficile existence d'hier.

Nous aussi, nous avons laissé des nôtres parmi les nombreux morts du fascisme ; nous ne les commémorons pas en vertu de ce qui, désormais, peut être une coutume, mais nous les voulons ici présents pour qu'ils puissent constater quel chemin nous avons parcouru, même si nous n'estimons pas que nous ayons déjà gagné la bataille.

Camarades, élevons donc notre esprit au-dessus des misérables questions particulières pour considérer la grande tâche qui nous est dévolue et nous rappeler nos martyrs. Disons-nous à nous-mêmes que nous saurons être toujours plus forts si nous voulons être toujours meilleurs.

Une bonté forte : telle est la devise que je vous ai donnée il y a trois ans pour poursuivre la lutte ; c'est la seule, me semble-t-il, qui puisse aujourd'hui encore avoir la plénitude de sa valeur pour affronter toutes les généreuses anxiétés de notre âme bouillonnante de jeune ardeur et de volonté, et toute frémissante d'audace.

Vive le Duce ! Vive le fascisme !

Assemblée du Faisceau de Brescia,
8 juin 1926-IV.

NORMES DE VIE

——————

PARDONNEZ-MOI, si je dois être sévère avec moi-même et avec vous. Il faut savoir ne pas aimer les flatteries en paroles et les illusions réciproques et préférer la sincérité au mensonge pieux.

C'est pour nous l'unique façon de pouvoir être ce que veut le Duce : les hommes nouveaux de l'Italie renouvelée. Ne demandez pas des décalogues, ni des règlements ; la norme de notre vie réside dans la conscience complète des efforts que nous devons accomplir.

Savoir se taire

J'aime vos assemblées, vos chansons et vos cris, parce que ce sont les chansons de notre passion, les cris de notre âme un peu rebelle ; mais je dois vous dire que nous devons maintenant savoir aussi nous taire un peu : nous taire pour sentir toute la responsabilité de l'heure présente. Si vous pensez à la responsabilité qui incombe à chacun d'entre nous, alors les chansons mourront sur vos lèvres, mais elles rempliront votre âme.

Aujourd'hui, vous avez vu défiler des masses d'ouvriers. Je les ai regardés droit dans les yeux, et j'ai découvert de profondes diversités. Un grand nombre d'entre eux croient et veulent ; beaucoup ne peuvent croire et ne peuvent encore vouloir. Il y a cependant déjà dans leur regard une lueur encore incertaine d'attente, de consentement. Il ne faut pas décevoir cette attente et il faut opérer sagement de manière à pouvoir dire demain à ces masses qu'elles n'ont pas inutilement suivi nos drapeaux et à leur faire éprouver la fierté de la Patrie et de la Nation.

L'heure des décisions

Aux hommes incertains, à ceux qui sont trop tièdes, à ceux qui ont le culte de leurs petits intérêts particuliers, nous disons aujourd'hui que l'heure des décisions a sonné. Il ne s'agit pas pour eux d'entrer dans nos rangs ; ils sont assez riches de force vivante pour engager toutes les batailles, mais ils doivent sentir qu'ils ont le devoir de donner leur consentement effectif à une œuvre grande et bonne.

Quant à nous, pressés autour du Duce, soumis à une discipline silencieuse mais fervente, nous continuons à défendre avec une fierté tenace l'esprit originel du fascisme. Nous n'y mettons pas un sentiment de misérable exclusivisme, mais nous avons conscience de maintenir pure et vive la flamme de la loi et l'intégrité de la conception primitive.

Au-delà des frontières

Camarades, il est une autre nécessité que nous impose cette conscience première. Si vous regardez au-delà des frontières, vous verrez que personne ne se hâte de cueillir des fleurs pour les répandre sur le chemin de cette jeune Italie. Des signes indubitables nous disent, au contraire, que chacun se prépare en silence à la plus rude des batailles : la bataille économique.

Et puisque l'histoire des peuples n'a pas de chemins marqués par le destin et les buts à atteindre, il faut être prêt à chaque instant avec tout son esprit et toutes ses forces.

Tout cela est un problème d'éducation que ni l'école, ni les livres, ni surtout les discours ne suffisent à résoudre. Il faut une discipline de tous les instants et l'intransigeance la plus ferme contre toutes les lâchetés et les résignations stupides. Il faut apprendre à regarder la réalité en face et à haïr un grand nombre d'illusions qui nous étaient chères hier encore.

Discours aux fascistes vénitiens,
10 mai 1926-IV.

LE DUCE

D'OSTIE À GÊNES

L E 23 MAI, l'*Esperia*, quittant Ostie, emportera Benito Mussolini vers notre plus grand port commercial. Les descendants des plus vaillants navigateurs du monde préparent, avec un enthousiasme fébrile, un accueil triomphal au Duce. Une forêt de mâts et de cheminées l'attend. Des transatlantiques gigantesques, des navires de transport, tous les plus grands bateaux à vapeur de notre marine marchande ayant hissé le grand pavois salueront son arrivée avec le hurlement de leurs sirènes. Mais il faut que tous les Italiens, et non pas seulement les Génois, comprennent la haute signification qu'assument également ce voyage et cette visite de notre chef.

Ce n'est pas en vertu d'une évocation historique, stérile et artificielle, que le Duce partira du port impérial de Rome pour arriver à la Superbe par cette mer qui connut les gloires et la puissance de la formidable république génoise, mais parce qu'il porte au-dedans de lui la volonté vivante d'un homme qui ne prend pas les fastes antiques pour des buts à atteindre, mais pour des pierres milliaires qu'il faut dépasser.

L'Homme qui sut rallumer le phare de la civilisation latine pour éclairer non seulement les ténèbres de sa propre patrie, mais celles du monde entier, parcourt à nouveau les routes de la puissance passée pour arriver à de nouvelles fins. Et il vient à Gênes, entrepôt de commerce et forge d'énergies en ces jours qui rappellent le geste généreux et l'audace de notre entrée en guerre.

Quarto !

Point de départ pour toutes les audaces et pour tous les élans de révolte qui ont pour but la liberté et la grandeur de la patrie !

Tous les Italiens qui ont vécu la guerre et qui ont souffert dans la période de l'après-guerre sentent aujourd'hui, à la veille du voyage entrepris par le Chef du gouvernement, les raisons idéales et la grande signification de ce geste.

L'esprit de l'intervention

Le Duce, qui a su donner à l'Italie une claire conscience de sa force et une ferme volonté d'action, qui, de Rome, a créé toute une discipline nouvelle des rapports entre les classes et les catégories sociales, peut considérer comme véritablement achevé le second cycle de notre révolution.

Il faut aborder aujourd'hui un chemin nouveau et plus difficile !

Une fois encore, l'Italie fasciste éprouve le besoin de retourner à l'endroit qui lui servit de point de départ pour la grande entreprise. Et ce souvenir, cette réunion à notre passé le meilleur, signifie l'exaltation de notre continuité spirituelle. Nous revenons, en suivant le Duce, à l'esprit de l'intervention, esprit héroïque et rebelle, volonté d'un peuple qui entend choisir sa voie dans le monde.

Aujourd'hui, comme hier, il faut lutter contre la religion du ventre, contre la résignation sans idéal, contre l'égoïste souci de l'intérêt propre, contre la lâcheté et la peur.

La volonté du pilote

À Gênes, Benito Mussolini aura réuni autour de lui des constructeurs et des navigateurs, des hommes entraînés à toutes les audaces et accoutumés au vent du large. Ils représentent un ensemble de volontés et d'énergies qui connaissent la joie de porter sur toutes les mers du monde le pavillon d'une Italie qui ne donne plus des signes d'épuisement et de faiblesse. Le Duce indiquera, plus encore du geste que de la parole, le nouveau commandement, et il indiquera le but à atteindre.

Que chaque marin d'Italie, chaque navigateur, sache lire dans ses yeux la volonté du pilote.

———————

LE DUCE ET LES ADHÉRENTS

L E Duce a dit, après Verlaine[2], qu'il faudrait tordre le cou à l'éloquence ; moi, plus féroce que lui, je dis qu'il faudrait tordre le cou aux orateurs.

Peu importe qu'il existe des imperfections dans les actions des hommes, c'est plutôt dans leurs programmes qu'il est indispensable que ces imperfections n'existent pas. Bien plus, je voudrais que tous les fascistes eussent l'impression qu'ils constituent, dans le grand cadre de notre mouvement, de très humbles éléments, et que le seul qui soit digne d'être au premier plan est Benito Mussolini.

Les autres ne sont que des soldats sans grade qui doivent se contenter de l'orgueil qu'éprouve le petit fantassin et demeurer pleins de confiance et de sérénité même quand leur labeur, dans le grand cadre collectif, n'est pas remarqué, ni souligné par des applaudissements.

Congrès fédéral de Venise,
10 mai 1926-IV.

---

[2] Note du traducteur.

LA ROUTE INDIQUÉE PAR LE CHEF

———————

L E FASCISME se confond avec le régime et avec la nation. Nous nous en rendons compte avant tout grâce au fait que toutes les forces vivantes du pays, forces productrices et forces intellectuelles, depuis la grande presse jusqu'aux puissantes organisations du travail, même lorsqu'elles ne sont pas rigoureusement encadrées dans notre milice, comprennent que le fascisme représente non seulement une puissance, une unité exceptionnelle, mais encore une volonté de révolution et de transformation qui ouvre la voie à tous les développements et permettra d'atteindre les buts les plus élevés.

C'est pourquoi les responsabilités du fascisme sont énormes en présence de ce consentement, de cette adhésion, de cette confiance illimitée.

Le génie du Duce, le sacrifice de nos martyrs, la volonté du héros nous ont valu le privilège stérile et sublime de guider l'Italie à cette heure lumineuse mais difficile. On ne peut affronter la dure épreuve qui consiste à résoudre le problème de la vie italienne, de l'Europe et du monde, si l'on participe d'un état d'esprit particulariste et individualiste. Les grandes forces qui sont maintenant soumises à la discipline du régime doivent être conduites pour pouvoir accomplir la haute fonction qui leur est impartie.

Il n'y a qu'un danger, qu'une seule véritable bataille : il faut lutter avec toutes les forces pour que les bases mêmes de notre conscience ne soient pas ébranlées et renversées. Sur le terrain des principes, notre intransigeance doit être absolue et féroce, mais nous devons avoir aussi une notion précise de la fonction des divers organismes du régime. Ceux-ci ne peuvent et ne doivent jamais se heurter parce que chacun d'entre eux a sa voie nettement indiquée par le génie du Chef.

Congrès provincial fasciste de Vérone,
2 mai 1926-IV.

L'ORDRE NOUVEAU

CAPITAL, ÉTUDE ET TRAVAIL

CE n'est pas sans raison que le premier discours que je pro-
nonce en qualité de Secrétaire Général du Parti se place à
la date qui marque la fête du travail national à Turin, centre
puissant de grandes industries et d'activité commerciale fervente.

Je ne veux pas formuler l'interprétation de cet heureux évè-
nement, mais je ne puis faire moins que de constater que cet
épisode marque le début et indique l'allure générale de ce que
seront mon œuvre et celle du Parti sous la conduite du Duce.

Je ne veux même pas, en ce jour qu'illuminent les origines
propres de notre race puissante et immortelle, évoquer ou faire
évoquer notre passé, la dure période, âpre et sanglante, pendant
laquelle le fascisme tout entier, que dis-je, toute la nation, a
trempé son âme en présence des exigences nouvelles, pour
acquérir de neuves audaces. Je ne veux pas non plus évoquer le
patient labeur de notre esprit qui, après avoir éprouvé un sentiment encore confus de révolte, s'est élevé du désordre et de l'incertitude jusqu'à la vision et à la conception de la grande fonction historique du fascisme, jusqu'à la conscience et à la volonté
révolutionnaires.

Regarder en nous-mêmes

Mais il est nécessaire, à cette heure-ci qui est particulière-
ment difficile et peut-être décisive, que nous regardions en nous-

mêmes, avant tout parce qu'aucune lumière, aucune direction ne peuvent nous être fournies par la critique d'autrui.

Le fascisme n'a pas été un mouvement de déviation ou de développement d'autres conceptions. Si quelqu'un prétendait l'affirmer, mille documents, mille contrastes et mille dissemblances sont là pour le nier.

Le fascisme est vraiment une révolution, même si dans ses gestes initiaux et dans ses manifestations originales il a pu sembler n'être qu'une simple transformation de quelques institutions fondamentales. Or, tous les critiques du fascisme ont un tort absolu au début : ils jugent le fascisme d'après leur propre état d'esprit, ce qui engendre des erreurs consécutives d'incompréhension de perspective, de proportion et d'équilibre.

Car nous sommes seuls en face de la sublime responsabilité, qui nous apparaît dans toute sa grandeur redoutable aujourd'hui qu'est réalisé le grand plan des réformes de la révolution.

La valeur du Citoyen

Dans l'esprit puissant et génial du Duce, tout cela s'est lentement élaboré au prix d'un développement progressif, mais pour nous le principe fondamental du syndicalisme fasciste, les grandes lignes de l'édifice sur le point d'être construit, nous apparaissent brusquement aujourd'hui et surgissent devant notre esprit dans leur véritable lumière. Mais si vous pensez à l'effort que nous autres, hommes d'avant-guerre, appartenant à une génération élevée dans le culte de la démocratie, l'admiration du nombre, la surestime de l'individualisme, avons dû accomplir pour arriver à sentir comme une réalité de notre vie le concept selon lequel tout citoyen existe et a sa valeur dans la mesure où il est un élément effectif, productif, actif de la nation, que c'est uniquement dans la discipline des devoirs et dans l'harmonie des efforts que résident la défense et la justification de l'intérêt particulier, vous aurez la sensation précise de la profonde transformation réalisée.

Nation, production, collaboration des classes : tels sont les trois termes fondamentaux de notre conception syndicale. Mais entre ces trois formules, il y a une telle dépendance de rapports et une telle nécessité de concordances que pour en mesurer entièrement la puissance, il faut une longue discipline d'éducation : faire sentir à l'ouvrier que l'industriel qui veut et sait construire le puissant organisme de la lutte économique doit être considéré comme un élément indispensable de la vie nationale ; faire comprendre à l'industriel que le travailleur, si humble et obscur soit-il, est un coefficient indispensable de la grande bataille ; discipliner ces forces qui, en se fondant sur des motifs d'égoïsme, pourraient perdre de vue l'équilibre des bénéfices communs ; faire comprendre aux ouvriers et aux industriels le devoir de l'effort commun pour les nécessités supérieures de la nation ; telle est la grande tâche du fascisme et du syndicalisme fasciste.

Notre Destin

Nous ne savons pas encore ce que réserve la nouvelle histoire de l'Europe, mais nous apprenons tous les jours la rude leçon qui nous enseigne avant tout que toutes les nations lèvent leurs étendards pour se défendre et pour opposer des interdictions. Chacune d'elles s'apprête à la plus grande des batailles : la bataille économique.

En présence de la réalité, le régime, le fascisme national, ne pouvait pas, ne peut pas tenter la petite politique des accommodements et des transactions, il ne peut accepter une place tranquille à l'écart, parce que son passé, sa puissance intime, le génie propre de la race, lui ont imposé le devoir de lutter en première ligne et d'indiquer la route à suivre sur le chemin de l'humanité et de l'histoire. Alors ce peuple, enfermé sur un terrain trop étroit, pauvre de matières premières, qui n'a même pas eu jusqu'à présent du pain pour tous ses fils, sent confusément que toute activité, que toute opposition, que toute aigreur est une lâcheté et, comme une armée forte de toute sa volonté et de toutes ses espérances, il se groupe autour de l'Homme qui le premier, après des siècles d'égarement, de vains discours et d'exaltation à base de rhétorique, a le courage brutal de crier la vérité. Et c'est enfin la lumière, la première lumière, qui éclaire le chemin de la nouvelle histoire d'Italie.

Mais en présence d'une semblable nécessité, nécessité vraiment héroïque même si elle n'a pas l'éclat des grands gestes individuels, il ne suffisait pas de pouvoir compter sur la confuse aspiration et le consentement indécis des grandes masses, il ne suffisait même pas peut-être de s'appuyer sur la discipline volontaire acceptée par les artisans de la production et du travail ; il ne suffisait pas, en d'autres termes, que dans la vallée du Pô, riche de moissons, grâce surtout aux savantes mesures techniques, l'esprit de la corporation fût déjà, depuis quelques années, une réalité généreuse et vivante.

Il était nécessaire que toutes les forces du travail et de la production, des plus riches aux plus humbles, de la grande industrie au petit artisanat, de l'étude des grands problèmes à l'harmonie des petits efforts, fussent disciplinées et coordonnées par la grande loi de la plus grande puissance nationale.

Puissance et production

C'est dans cette nécessité que réside l'esprit de toutes les nouvelles lois qui tendent à annuler la conception aujourd'hui dépassée du citoyen pour lui substituer la figure vivante et réelle du producteur, du savant et du travailleur. La conception de l'état libéral démocratique qui considérait les grandes compétitions d'intérêts entre les classes comme un phénomène qui lui était étranger et dont il ne devait se préoccuper que dans la mesure où il troublait l'ordre public, son rôle se bornant à exercer simplement la police, ne pouvait être la conception de l'état fasciste pour lequel tout ce qui est vie et travail de la nation est partie de son essence et de sa fonction.

La reconnaissance d'une telle réalité portait comme conséquence nécessaire que les diverses forces, parfois rivales, devaient être disciplinées et ramenées à un même plan sur lequel les énergies diverses peuvent se mouvoir.

La grande affirmation révolutionnaire du fascisme réside précisément dans cette conception : à savoir que capital, étude et travail sont, non pas placés au même niveau, mais considérés comme des coefficients d'une même entreprise de production et de puissance. Toutefois, ces éléments ne se résument et ne s'unifient que dans l'État, en vue de cette entreprise suprême de production et voilà pourquoi l'État — au-dessus des classes, des catégories et des groupes qui peuvent entrer en conflit les uns avec les autres en vertu de nécessités particulières — devient non seulement l'organe corporatif mais réalise dans son essence l'unité des efforts et l'équilibre indispensable.

Tout cela, évidemment, transforme les fonctions propres aux organes du pouvoir législatif et du pouvoir exécutif conformément au nouveau rôle des institutions et à la nouvelle conscience qu'il faut développer dans les masses.

L'intervention du gouvernement ne suffit pas cependant pour l'accomplissement d'une telle œuvre ; il faut encore l'intervention alerte et vivante du parti, intervention délicate ayant un caractère politique dans le sens nouveau et fasciste du terme.

Jusqu'à hier, la politique a été le jeu et la lutte d'hommes même grands qui se battaient pour de petites idées. Le combat était livré et la victoire remportée en vue du triomphe d'un parti, pour satisfaire l'orgueil d'une faction politique, c'est-à-dire pour des principes abstraits, pour des nécessités relatives, contingentes, accidentelles. Aujourd'hui, c'est la politique des réalités économiques et non pas celle des hommes et des groupes, c'est la politique qui cadre avec la vie et la puissance de la nation.

La lumière de la foi

En comparaison des vastes buts fixés par la volonté du Chef et par le destin de la race, les petites escarmouches de la lutte parlementaire ou politique ne peuvent jamais être que l'épisode négligeable et la manifestation d'un état d'esprit anachronique qui s'obstine à survivre. Tout un rythme nouveau, tout un style nouveau s'imposent comme modèle aux Italiens fascistes.

Briser les vains formalismes, oser et vivre dans l'ardeur du risque, sentir la beauté de croire et d'espérer, éclairer de la splendeur de la foi le dur labeur quotidien, aimer avec bonté mais aussi avec force les belles choses de la vie, vouloir à tout prix effacer en nous ce souvenir du passé récent pour ne vivre que demain : voilà le fascisme, idée et force, élan et réalité.

Regarder le Duce.

Camarades, sommes-nous prêts pour la grande œuvre et sommes-nous vraiment tels que nous devrions être ? Que chacun, du plus illustre au plus obscur, réponde dans le silence de son âme à cette question, alors que les grandes heures de l'histoire d'Italie vont sonner. Et si parfois dans le train-train quotidien quelqu'un se livre au misérable jeu des intérêts particuliers, qu'il regarde en haut, qu'il regarde ce chantier tout bruissant d'activité où le Duce élabore, au prix d'un travail incessant, les armes, les instruments et les engins pour la nouvelle puissance. Alors il retrouvera en lui la lumière et l'indication de la route à suivre. Mais, pour accomplir toute cette œuvre, il faut deux grandes forces : la discipline intellectuelle et l'intransigeance absolue.

Discipline et intransigeance : voilà deux mots et deux formules qui ont fait fortune, dont on a usé et abusé jusqu'à en exténuer le sens. Avec le sentiment de la discipline et d'une intransigeance ferme et obstinée opposée à toute déviation et à toute trahison, nous avons accepté la grave et délicate responsabilité de guider le parti à l'heure où fleurissent tant d'espérances, heure lumineuse mais lourde aussi de tant de si graves devoirs.

Discours à Turin pour le 21 avril 1926-IV.

CONSCIENCE RURALE

J'AI accepté l'invitation de vos dirigeants parce que je juge qu'il n'est pas inutile, et pour moi et pour les autres, de prendre la défense de la conscience rurale aujourd'hui, à la veille du Grand Conseil fasciste et en ce moment particulièrement intéressant de la vie économique de notre pays.

Tel ou tel de nos adversaires a pensé nous combattre et nous anéantir en définissant notre mouvement comme celui d'une réaction agraire.

Eh bien moi, aujourd'hui, devant vous qui avez vécu notre veillée d'armes et qui avez donné votre cœur à la bataille, vos muscles à l'entreprise de notre révolution, je veux redire ici tout l'orgueil et toute la conscience que nous avons de cette origine non pas agraire mais rurale.

Au cours de la veillée d'armes et de la préparation, à l'heure de la victoire, le fascisme a senti, il sent encore que la véritable et intime puissance de la nation se trouve dans cet amour dévoué et humain à l'égard de la terre, la bonne mère généreuse et prévoyante.

Attachement à la terre

Sans méconnaître un instant le rôle très important que l'industrie et le commerce représentent dans la vie économique du pays, le fascisme tient à affirmer une fois de plus que l'indépendance de la nation ne peut dépendre que de la terre et surtout il entend répéter que le salut de la race ne peut pas se trouver dans les ruches sans air et sans lumière de la métropole, mais dans les sereines et simples fermes des campagnes.

Pour rendre cette conscience vivante, il faut assurément tuer en nous bien des constructions mentales artificielles et surmonter beaucoup de préoccupations démagogiques.

Il faut affirmer que l'attachement à la terre est une chose noble et digne d'être défendue et répéter que l'effort tenace de l'agriculteur, qui s'applique à augmenter et à améliorer les produits du sol, est aussi noble et aussi grand que l'effort du constructeur et de l'écrivain. Mais cette fierté, agriculteurs, il faut la créer en vous-mêmes avant de la susciter chez les autres.

Si tel ou tel confond votre simplicité toute fraîche avec la grossièreté, ne vous en affligez pas, mais pensez plutôt que le mugissement qui monte de vos étables riches de troupeaux a infiniment plus de valeur que le tumulte déchirant d'un sauvage « *jazz-band* ». C'est toute une conscience nouvelle qu'il faut donc former et tous vos problèmes sont liés à cette conscience. Ce n'est pas une révélation que de dire qu'il faut mettre au premier plan le problème agraire avec toutes les nécessités techniques et économiques qu'il comporte.

L'examen en serait trop long ; il me suffit de poser la question dans toute son ampleur et toute son urgence. De toute façon, il existe une nécessité fondamentale, aujourd'hui absolue et dominante : celle de l'encadrement, de l'organisation, de la discipline.

Tout le système complexe du crédit, toute la pratique du développement technique, tout le problème de la plus grande production au prix d'un effort le plus réduit possible est une question d'organisation.

Les contrats de travail

Il ne faut pas confondre ce qui est un juste individualisme, né de la nature même de votre vie, avec l'esprit de rébellion à l'égard de toute action coordonnée.

La révolution fasciste à laquelle vous avez donné toute l'ardeur de vos espérances et la contribution de votre travail va instaurer un ordre nouveau dans le domaine des rapports syndicaux. Il faut donc que dans chaque province les agriculteurs d'Italie veuillent des contrats assurant une saine base de vie aux camarades travailleurs qui s'avancent aujourd'hui disciplinés et réconciliés avec la patrie après avoir donné pendant la guerre leur plus généreuse contribution de sang et de volonté.

Et si vous, agriculteurs de la vallée du Pô, vous répondez que pour vous ce problème des rapports entre le capital et le travail est déjà résolu, je vous dirai que dans quelques autres régions d'Italie il y a encore beaucoup à faire.

La valeur de la lire

Sur ce point, je crois cependant qu'il est de mon devoir d'ajouter que la solution du problème ne peut résider dans l'augmentation incessante des salaires, mais dans l'accroissement de la valeur de notre monnaie.

Cette question fondamentale, aujourd'hui que notre économie est engagée dans une bataille difficile contre l'économie des peuples plus riches que nous, ne peut être résolue par une classe ou par une partie de la nation, car elle regarde sa vie tout entière, elle doit être résolue par la volonté de toute la nation.

Chacun des sages et tenaces efforts du Duce et du ministre des Finances ne peuvent nous amener à la victoire que si un certain nombre de problèmes fondamentaux sont résolus : valeur de la monnaie de paiement, qualité et intensité de la production.

Ceux qui pensent ou rêvent de vaincre même temporairement au prix de l'inflation monétaire s'égarent dans le royaume des chimères follement ploutocratiques. On ne peut, je le répète, atteindre la victoire qu'en accroissant « graduellement » la valeur réelle de la lire.

Nous suffire à nous-mêmes.

C'est à ces conditions seulement que l'Italie, en train de devenir un grand peuple de 50 millions d'Italiens, pourra trouver le moyen de vivre modestement, mais sereinement, à l'intérieur de ses frontières en se limitant à payer une contribution à l'étranger pour les seules et uniques matières de première nécessité qui lui sont absolument refusées par la nature de son sol.

Camarades agriculteurs ! mon discours a dépassé de beaucoup les limites que je m'étais assignées.

Partant de la vision de la grande fonction sociale et économique de l'agriculture italienne, il s'est élevé à l'examen des problèmes fondamentaux de la vie de la nation. Je pense que cela servira à vous faire sentir à quel degré vous êtes liés au sort de la patrie et à la victoire définitive de la révolution fasciste.

Ayez donc la fierté de votre noble labeur et pensez — comme je le pense — que la conscience impériale ne naît pas des hymnes et des élans, mais d'un sens précis et froid de son propre devoir et du sentiment qu'on peut, à chaque instant, se suffire à soi-même.

De cette façon, nous servirons le Duce et nous rendrons vraiment le fascisme invincible.

Pour l'Italie dans le monde !

Réunion des agriculteurs de la vallée du Pô.
21 juin 1926-IV.

CONSCIENCE SYNDICALE

L A CONSCIENCE syndicale ne peut pas s'improviser. Il faut la construire peu à peu, lentement, laborieusement.

Dans l'organisation syndicale, l'élément qui constitue la base est la discipline, qui, pour être vraiment italienne, ne peut être la trop rude discipline allemande et doit porter la marque de notre tempérament ; cette discipline doit être sentie dans toutes les couches, des plus hautes aux plus basses.

Ve Congrès provincial des Faisceaux de la province de Brescia,
16 mars 1926-IV.

RESPONSABILITÉ SYNDICALE

DANS une situation de privilège et de monopole comme celle qui s'est déterminée en notre faveur, nous devons sentir d'une manière absolue notre responsabilité et nous devons donner, non pas à une partie des catégories de travailleurs mais à tous, la sensation de ce qu'est la réalité économique et la responsabilité syndicale en fonction, non seulement de la nation, mais de la production. Il n'est pas vrai que les travailleurs ne sentent pas cela, même s'ils sont liés à leurs intérêts économiques particuliers. Ceux qui sont bons, c'est-à-dire ceux qui fournissent la meilleure production, le sentent bien mieux que leurs soi-disant chefs et leurs mauvais conseillers, même si ceux-ci, poussés par la nécessité ou par une peur égoïste, rabâchent le mot « Patrie » douze fois par jour.

En résumé : il est nécessaire que les masses des travailleurs s'initient au grand problème et en saisissent d'une manière vivante les nécessités et les devoirs en rendant ainsi possible, au prix d'un examen conscient, la mise en œuvre de ce système économico-syndical qui constitue le véritable résultat de notre révolution. La conception corporative, qui met le producteur à la place du citoyen, sera une et vivante ; une loi unique donnera un résultat unique également et la réalisation d'une volonté et d'un esprit nouveaux offrira aussi le caractère de l'unité.

De l'article : « Après le pacte du palais Vidoni ».

RESPONSABILITÉ SYNDICALE

CONSCIENCE OUVRIÈRE

IL FAUT vouloir, il faut devenir forts, moralement forts, depuis l'ouvrier jusqu'à l'industriel. Nous devons tous sentir que nous tenons l'avenir dans notre main.

La richesse industrielle ne doit pas appartenir aux industriels, mais à la nation, et l'ouvrier doit acquérir la conscience de son propre esprit : alors la force n'appartiendra pas à l'Italien pris individuellement, mais à l'Italie tout entière.

À l'heure de la préparation, il ne faut pas s'égarer dans les petites rivalités : par-dessus tout, il ne faut pas confondre l'idée avec l'homme, l'intérêt avec le drapeau. Il faut regarder le Chef occupé à pétrir la nouvelle créature italienne, tendue tout entière, corps et âme, vers des lendemains pleins de grandeur. Il faut savoir servir et, s'il le faut, se retirer en silence mais conserver incontaminées la foi et la force de la lutte.

Commémoration de la marche sur Rome,
28 octobre 1925-III.

LA VALEUR RELATIVE DES MASSES

APRÈS quelques mois d'expérience et de lutte sur le terrain syndical, le fascisme se trouve, avec un demi-million d'hommes organisés, en face d'un socialisme qui a perdu la moitié de ses adhérents inscrits.

C'est là toutefois une constatation qui peut avoir sa valeur pour la grande masse du public ; non pour nous qui sommes les critiques impitoyables de nous-mêmes, ceux qui ne se peuvent contenter, ceux qui sont sans cesse à la recherche de l'expression meilleure, de la forme plus pure. À l'heure du triomphe le plus ardemment souhaité, aujourd'hui que le nombre justifie la curiosité de l'opinion publique, nous sentons plus qu'hier que les masses signifient bien peu de chose et qu'au-dessus du nombre, ce qui a de la valeur et ce qui compte, c'est la qualité. Ce sont là des paroles et des jugements qui peuvent me faire apparaître comme un hérétique, même dans les rangs des miens. Mais l'expérience quotidienne, la connaissance assurée de notre programme et de l'esprit qui nous guide me confirment dans mon jugement.

Pour fixer nettement la voie que doit suivre le fascisme, les fascistes doivent toujours se rappeler quelles ont été les erreurs de nos adversaires.

Conférence donnée à Brescia,
14 juillet 1922.

POUR LA BATAILLE ÉCONOMIQUE

BARI

JE n'aime pas les discours, je n'aime pas les réunions, si discours et réunions ne signifient pas un pas en avant dans la vie du Parti.

Nous ne pouvons pas être les apologistes du passé, même si ce passé, le nôtre, est lumineux et resplendissant ; et j'ose presque dire que nous ne pouvons jamais nous arrêter, pas même pour nous réjouir des batailles gagnées, pas même pour évoquer ceux qui ont souffert dans toutes les batailles, et qui, dans toutes les batailles, sont tombés.

Notre lendemain

Nous sommes un peuple qui vit, lancé vers son lendemain ; nous vivons heure par heure, minute par minute, cet anxieux tourment du devenir, en vertu duquel nous avons su évoluer et nous transformer, de ce que nous étions — un pauvre peuple fatigué, déçu et trahi — en une race remplie de jeunesse et d'audace, entièrement renouvelée, forte, assurée de sa grandeur, certaine de son destin.

C'est pourquoi, habitants de Bari, je ne vous adresserai pas des paroles de mollesse destinées à vous flatter ; je ne me complairai pas — et je le pourrais devant cette assemblée — à dire ce qui a été et ce que vous êtes. Je pourrais fort bien vous louer pour ce que vous avez accompli, pour ce que vous promettez, pour la foi qui anime vos cœurs, pour l'esprit qui illumine votre action. Non, je ne dirai rien de tout cela. Je dirai seulement qu'après les dures batailles gagnées, une bataille plus dure encore nous attend et que nous en sommes heureux comme de la plus belle des récompenses parce qu'aucun obstacle ne pourra jamais suffire à l'ardeur de notre foi et de notre courage...

La victoire

C'est l'heure des décisions sereines et fermes ; c'est l'heure de parler entre nous le langage brutal et cru de la réalité. Si nous pensions à ce que nous avons déjà réalisé, nous pourrions dire que nous avons déjà remporté la victoire. Nous avons rétabli l'ordre et la hiérarchie des pouvoirs ; nous avons suscité avec patience, avec conscience, avec foi et avec orgueil toutes les forces saines de la production et du travail ; de la vie politique constituée autrefois par un noyau de petits hommes groupés autour de petits et inutiles drapeaux, nous avons fait une forge de volonté et de puissance nationale. Nous avons arraché de notre cœur — au prix de quelles peines, de quels sacrifices, de quelles douleurs et de quels déchirements intérieurs ! — tout ce qui était laid, tout ce qui était vil, tout ce qui était immonde.

Nonobstant tout cela, nonobstant que ce peuple merveilleux de producteurs et de travailleurs s'efforce et se tourmente pour accomplir le labeur patient et tenace qui lui permettra de construire et de produire toujours mieux et toujours davantage ; nonobstant que nous soyons peut-être et même certainement l'unique peuple tout entier recueilli dans le souvenir de son passé et la certitude de son lendemain ; nonobstant que ce peuple soit le seul qui possède un Homme qui résume en lui toutes les vertus, toutes les beautés, toutes les audaces, toutes les responsabilités et toutes les consciences de ceux qui sont honnêtes et forts et que, pour ce motif, le monde nous envie ; nonobstant tout cela, nous sommes encore ici comme enfermés dans un cercle, tenaillés, tourmentés par l'anxiété quotidienne et pénible de notre liberté économique...

Eh bien, rappelons-nous : alors que la bataille était la plus dure — et c'était la bataille pour la vie physique de chacun d'entre nous — quand l'épreuve était la plus terrible, nous avons su montrer qu'il est beau d'être seul contre mille, qu'il est beau de savoir oser et beau de savoir mourir...

Peuple de Bari, peuple de toute l'Italie, il faut démontrer aujourd'hui que nous savons encore comment on doit vivre en souffrant tous les jours un peu, mais en espérant toujours, en osant toujours, pour fournir une fois encore la preuve que nous savons être seuls contre tous, que nous savons offrir nos âmes et faire le sacrifice non seulement de nos corps mais de tous nos égoïsmes pour que l'Italie puisse vivre, libre dans l'Europe et dans le monde...

La dernière bataille

Si les discours suffisaient pour cela, je devrais vous en faire beaucoup ; mais les discours ne servent à rien, les paroles n'ont aucune valeur, les intentions ne comptent pas. Il faut les œuvres, les œuvres quotidiennes et, si c'est nécessaire, il faut les renonciations difficiles ; et, s'il est nécessaire de souffrir, il faut souffrir parce que voici venue la dernière et définitive bataille de notre nation qui pourra enfin se proclamer libre de choisir son lendemain, ne plus dépendre de personne, que ce soit à cause d'obstacles suscités par des forces physiques humaines ou à cause de difficultés créées par des oppositions et des forces ploutocratiques internationales, asservies à des puissances qui ne représentent aucune lumière de civilisation, aucune espérance de liberté...

Si la responsabilité de cette heure est grande, si cette bataille doit nous inspirer un suprême orgueil, il faut que les fascistes affirment au grand jour leur certitude en cette heure historique de la vie italienne.

Fascistes ! si demain vous trouvez quelqu'un qui soit un serpent ou un mollusque, une canaille ou un rhéteur, rappelez-vous que cet homme est un traître et un ennemi de la patrie et qu'il doit être traité en traître et en ennemi.

Contre les faux intellectuels

Et prenez garde, ce n'est pas le peuple des travailleurs que je crains ; non, je ne crains pas ceux qui constituent les couches profondes de la vie nationale, je ne crains pas ceux qui produisent, je ne crains pas les grands artisans de la prospérité, de la richesse, du développement et de la puissance nationale ; je ne crains pas ceux qui croient à la beauté et à la vie de notre patrie, non, non : je doute de ceux qui sont les faux intellectuels, malades, sots et hypocrites. Et quand je dis intellectuels, je n'entends pas par là les hommes intelligents, mais les faux et hypocrites intellectuels qui constituent la masse de ceux qui raisonnent avec les *si*, les *mais*, les *cependant*, les *peut-être* ; je doute de ceux qui n'ont jamais cru à la beauté de lutter, de combattre, de mourir et, s'il est nécessaire, de tuer pour la défense de ses idées et qui n'ont jamais senti cette beauté... C'est de ces hommes que je doute, de ceux que j'appelle les éternels embusqués de toutes les batailles ; de ceux qui n'ont jamais su vouloir, le visage découvert et le cœur sur la main, ce qui devrait être leur action ; de ceux qui se prosternent devant vous dans un geste d'adoration et d'admiration, qui sont prêts à saluer à la romaine ou indifféremment à la russe, à la turque ou à l'anglaise, pourvu qu'ils y trouvent leur compte et leur bénéfice. Ceux-là, souvenez-vous-en camarades, sont vos ennemis et les nôtres : ils l'ont été hier, ils le sont aujourd'hui, ils le seront demain.

Votre tâche est aussi noble que difficile : il faut veiller sur soi-même et veiller sur les autres.

C'est là la grande et sublime responsabilité de l'heure présente.

Recueillons-nous donc tous tant que nous sommes, nous tous qui représentons la force vivante et vraie de notre passion et de notre âme nationales ; recueillons-nous tous dans une pensée ferme, claire, précise ; non pas celle d'une stérile adoration, mais celle d'un dévouement sain et conscient à l'Italie et à Celui qui en guide et en dirige la destinée d'un cœur ferme et avec une anxiété passionnée ; et reconnaissons, sentons en lui, non seulement le Chef du gouvernement, mais l'expression naturelle et vivante de toutes nos forces, de tous nos sacrifices, de toutes nos vertus, de toute notre puissance... et alors, si tel est l'Homme et si telle est la foi, si le mot Patrie n'est pas une expression vide et vaine, mais la réalité vivante et lumineuse de nos pleurs et de notre sourire, de notre connaissance et de notre allégresse, si la patrie est le sourire de nos enfants et le souvenir de nos morts, si l'Italie est la fierté de notre lendemain, si tel est le Duce, si telle est votre âme : en avant, en avant, généreuses et fortes âmes apuliennes, que j'ai connues dans les tranchées du Carso et de la Piave ; en avant, en avant, vers les plus belles et les plus grandes victoires.

Discours prononcé le 25 juillet 1926-IV.

VENISE

SI l'enchantement et le charme de la beauté de cette place pouvaient avoir prise sur mon cœur et sur mon esprit d'adorateur de tout ce que notre Italie magnifique possède de beau, je préférerais ce soir laisser mon âme s'envoler un peu pour qu'elle puisse chanter l'orgueil de la beauté immortelle de Venise et accueillir en elle la vibration de votre âme passionnée. Mais puisque le commandement du Duce et la nécessité de l'heure imposent à moi comme à vous de renoncer à tout loisir, puisque tout arrêt nous est interdit, puisque l'attente ne nous est pas possible, je vous dirai, au lieu des suaves et saintes paroles que comporterait une heure de repos, quel est le devoir impérieux de l'heure présente.

Nous pourrions nous demander parfois si, après la longue épreuve que nous avons supportée et surmontée, si après avoir fourni à notre peuple, qui s'était égaré mais qui s'est si merveilleusement retrouvé, les raisons de sa fierté et la conscience de sa puissance ; si après avoir rétabli la valeur de la hiérarchie et de la discipline, ramené l'ordre là où l'on avait créé le chaos, lutté sans douter jamais, avec une patience tenace, pendant des années et des années, avec un cœur armé d'une volonté toujours vigilante, nous pourrions, dis-je, nous demander maintenant, après six ans de bataille, d'espérance et d'orgueil — six ans durant lesquels nous avons donné la fleur de notre jeunesse, la fleur de notre espérance — nous pourrions nous demander si l'heure du repos n'a pas sonné, dans l'orgueil de la victoire remportée, avec la conscience d'avoir désormais conquis notre place dans le monde.

La dure bataille

À cette heure qui pourrait être celle de la sérénité et de la force, nous sentons, au contraire, qu'une autre bataille nous attend. Ce peuple qui, au cours de la plus terrible épreuve (quand il fallait aller s'exposer au danger pour sauver la liberté d'autres peuples), n'a rien demandé ; ce peuple qui aujourd'hui a la fierté de ne rien reprocher à personne, mais celle aussi de ne vouloir dépendre de personne, ce peuple, le nôtre, parfois incompris, trop de fois trahi, bien souvent mal commandé dans le passé, ce peuple s'entend dire aujourd'hui la parole crue et nue de la réalité. Eh bien, une fois encore, le fascisme qui n'a jamais demandé quel était le nombre des ennemis et qui a réclamé pour lui les batailles les plus dures parce que seules elles étaient dignes de son ardeur, le fascisme regarde vers les lendemains et indique clairement et fermement l'histoire de ses batailles et de son évolution.

Quel est et quel doit être notre programme ? Faut-il de grands élans ? Non ! Les chansons suffisent-elles ? Non ! Les enthousiasmes servent-ils à quelque chose ? Non ! Il faut une vertu qui est rarement italienne, mais qui est certainement fasciste : la vertu de la ténacité patiente, la vertu du silence laborieux, vertu grâce à laquelle, de ce que nous étions — un peuple parfois trop rêveur, trop oublieux de ses nécessités et du patient travail —, nous voulons nous transformer en une splendide masse d'âmes tendues dans l'effort obstiné, conscient, voulu ; vertu grâce à laquelle nous pouvons nous transformer, de ce que nous passions pour être jusqu'à hier, en un peuple merveilleux d'artisans, de fabricants, de constructeurs. Il faudra que nos industriels, que nos artisans, que nos paysans se courbent sur leurs instruments de travail, bien décidés à ne pas céder tant que la machine ne produira pas le plus bel engin, tant que la motte de terre italienne ne donnera pas plus de blé que la terre la plus fertile du monde. Il faudra nous courber vers notre terre, cette terre qui est belle non seulement par ses aspects multiformes, mais par les richesses qu'elle contient dans ses entrailles ; en d'autres termes, au lieu de marcher les yeux tournés vers notre beau ciel, il faudra fouiller dans notre terre où se trouvent enfouis également le fer, le charbon, la richesse et la liberté et l'indépendance de demain.

Et quand nous aurons accompli le miracle, alors nous exalterons cette unité d'esprit, de consciences, et de forces, nous la recueillerons toute pure, toute forte, et nous la porterons au Duce qui s'épuise à la peine et nous lui dirons : Ô Duce, voici la puissance et la force que tu as rêvées ; fais-en ce que tu veux ; épée ou balance, pour toutes les batailles, pour toutes les bonnes œuvres.

1er septembre 1926-IV.

MESSINE

Il n'est pas sans signification, le fait que j'aie commencé par Palerme le tour de votre île magnifique et généreuse et que je le termine à Messine le jour même où vous célébrez, avec la fête de votre saint patron, celle de votre renaissance. Et il faut donner un sens précis à notre réunion ici pour dire notre foi et notre espérance, tandis que tout auprès bourdonne la vie du chantier qui construit la nouvelle maison et marque la volonté de la reprise. Je parle aujourd'hui, à vous qui êtes peut-être pour moi les plus chers d'entre mes frères et camarades de la Sicile, plus chers parce que plus éprouvés par la douleur et le tourment. Vous êtes pour moi les plus chers parce que je retrouve en vous ce qui constitue le grand souci du fascisme : construire à tout prix sur les ruines accumulées par les autres, parce que vous êtes désespérément attachés à la religion de la terre, à l'orgueil de la terre.

Si je pense à la tragédie de votre amour et de votre volonté, je sens que vous pouvez être complètement fascistes. Je ne sais pas ce que vous avez donné à cette ferveur de renaissance, si c'est vous-mêmes tout entiers ou une partie de vous-mêmes, je ne sais pas si le mérite en revient à l'Homme qui nous dirige, au régime qui nous conduit, aux hommes qui nous commandent. Je me contente de goûter paternellement avec vous cette heure qui n'est pas seulement celle de la renaissance, mais enfin celle des moyens et de la puissance, de me réjouir un peu au contact de votre âme qui n'est pas faite d'enthousiasme, mais qui sait aussi exprimer sa ferveur par des œuvres.

Les Méridionaux ne sont pas des désœuvrés.

L'heure est venue d'en finir avec ces préjugés selon lesquels tous les Méridionaux sont des oisifs. Ce sont des travailleurs habiles et tenaces. Je vous le dis avec toute la sincérité crue qui m'est coutumière, moi qui suis essentiellement septentrional. Par là je n'entends pas formuler un éloge, mais constater des qualités, dont vous devez être conscients et fiers. C'est pourquoi les paroles que je vais vous dire, paroles de commandement, trouveront dans votre cœur un écho certain.

Après les batailles livrées et gagnées, après avoir rendu à son Italie la tranquillité active et la foi dans sa volonté de reconstruction, après avoir redonné de l'énergie aux puissances intimes de sa vie, après avoir construit moralement et matériellement sa vie sociale, le peuple italien pourrait demander aujourd'hui que sonnât pour lui l'heure du repos.

Nous vaincrons.

Au contraire, le jeu des forces ploutocratiques internationales veut arrêter une fois encore ce peuple merveilleux qui pouvait librement regarder vers son lendemain et choisir, pour l'avenir, une route libre et plus sûre. Eh bien, je vous répète ce que je vais répétant plusieurs mois aux fascistes de toute l'Italie : que le monde ploutocratique international le veuille ou non, l'Italie gagnera sa bataille. Elle la gagnera parce que nous sommes guidés par l'âme et le génie de l'Homme qui résume en lui toutes les puissances de la race depuis que l'Italie a eu un nom, depuis que la patrie a eu un visage. Nous gagnerons la bataille parce que le souvenir des morts de la guerre et de l'après-guerre nous soutient ; nous vaincrons parce que le souvenir d'un grand passé qui éclaire la vie du monde civilisé tout entier chante dans notre cœur ; nous vaincrons parce que nous avons dans notre cœur la vibration sûre et complète de notre force et de notre conscience, nous vaincrons parce que nous sommes un peuple entraîné à la douleur, assoiffé d'espérance, qui a été formé dans le tourment et affermi dans les luttes.

Si telle est l'espérance, si telle est la volonté nette comme la lame d'un poignard, si tel est le Chef, alors, généreuse et forte âme sicilienne, recueille tous tes espoirs, le souvenir de la douleur, de la passion, toute l'ardeur de la terre, et forme avec eux une aile puissante pour le grand vol que l'Italie, mère non seulement de héros mais d'agriculteurs patients et d'artisans tenaces, entreprendra à travers le monde.

14 août 1926-IV.

NAPLES

CAMARADES, au cours de ce beau voyage à travers les terres de la Sicile et de la Calabre, j'ai été en mesure de revenir sur bien des préventions relatives à l'Italie méridionale.

Avant tout, j'ai dû renoncer au jugement porté sur le manque de volonté du peuple méridional et sur son prétendu manque d'initiative.

Il y a dans le peuple méridional des énergies intimes, profondes, réelles, effectives, qui n'ont besoin que d'une chose : être découvertes, être développées, être mises à pied d'œuvre.

Il faut s'entendre aussi sur une autre question qui revient de temps en temps sur le tapis, à savoir si le fascisme méridional, n'ayant pas été amené par les circonstances à cet état d'esprit qui a déterminé l'origine du fascisme en tant que mouvement révolutionnaire, a ou n'a pas la possibilité de comprendre entièrement, effectivement le fascisme.

On ne peut déterminer la conception fasciste de la même manière pour toutes les régions et pour chaque province d'Italie : il y a des différences ethniques, morales, sociales, qui font que chaque région doit avoir, même avec une conception identique et un point de départ semblable, des différences dans les attitudes spirituelles.

Fascisme méridional

Il est une raison politique initiale qui a été une raison de révolution et de réaction contre ce qui constituait les forces dissolvantes de la nation.

Sur ce terrain, il me semble que le fascisme de Naples peut avoir la même valeur que le fascisme d'autres villes.

Maintenant qu'a pris fin la période de lutte, la période héroïque, la période des combats, il reste le problème de la réalisation de tout ce qui constitue le programme fondamental du fascisme, dont les objectifs parfaitement clairs et précis sont les mêmes pour toutes les provinces d'Italie. Si le fascisme est une rébellion nette et ouverte contre toutes les vieilles conceptions de la politique ; si le fascisme est une bataille pour la défense et la mise en valeur de l'honnêteté à tout prix ; si le fascisme est une opposition violente à ce sentiment de fatalisme qui a causé parfois tant de tort aux Italiens ; si le fascisme est une volonté de s'affirmer par-dessus tout, une conscience ferme et claire des grandeurs du passé et de la puissance du présent, alors l'Italie méridionale peut sentir complètement et définitivement le fascisme.

J'ai entendu avec plaisir notre camarade Mazzolini formuler ses critiques et ses doléances au sujet du particularisme et de la tendance aux rivalités.

Le premier est incontestablement plus dangereux que le second ; il est fatal qu'il se produise des heurts d'amour-propre, des querelles de préséances, puisque chaque lutte pour la conquête de la première place ne se déroule plus entre divers partis, mais à l'intérieur de notre parti. Le danger et le dommage se manifestent au moment où l'on subordonne la lutte pour la prédominance au particularisme et aux questions de personnes.

Quels sont les remèdes ?

Il faut avoir le courage de répéter que, en dehors d'un Homme, tous les autres, à commencer par le Secrétaire Général du Parti, ne comptent pour rien et peuvent disparaître sans que le fascisme doive même un seul instant interrompre sa marche glorieuse.

Quand nous aurons formé le fascisme à cette conviction, en d'autres termes, quand nous aurons convaincu tout le monde que nous n'admettons aucune adoration inutile et que nous n'admettons pas de heurts entre les hommes parce qu'il n'existe pas de heurts de tendances, nous aurons en partie résolu le problème.

Quelle est la situation du parti en ce moment, qui n'est ni facile ni simple ? Il est vrai que le Duce, avec cette sensibilité parfaite de son esprit qui connaît toutes les vertus et tous les défauts du peuple, a déplacé le plan d'organisation de notre politique. Mais entre le fait que le Duce ait déplacé ce plan et la conséquence que nous le suivions, il y a un grand pas.

Le nouvel État

Il ne s'agit pas de l'application des règlements et des lois, mais de la création d'une nouvelle conscience. La réforme du *Podestà* qui annule la conception démocratique, la loi syndicale qui substitue à la figure du citoyen celle du producteur, sont des réformes qui réclament une éducation et une tournure d'esprit nouvelles. Jusqu'à hier, nous avons été les hommes de la révolution, mais dans un cadre dont la conception était strictement et nettement libérale, quelles qu'en fussent les retouches. À partir de demain, le premier plan de la grande transformation fasciste étant réalisé, nous entrons vraiment dans l'atmosphère de la révolution. C'est pourquoi il faudra faire une chose très simple : avant d'y pénétrer, nous devrons transformer nos habitudes mentales parce que celles que nous avons sont des habitudes d'hier. Il ne faudra pas que l'un de nous soit un industriel fasciste ou un paysan fasciste. Il devra être purement et simplement le fasciste, en fonction de l'industriel ou du paysan.

Dans ce domaine, la vraie intransigeance, la vraie discipline sont indispensables. C'est uniquement quand nous aurons imprégné de fascisme toutes les puissances productives et toutes les énergies du travail, de la banque à l'industrie, de l'agriculture au commerce, que nous aurons résolu le problème de notre révolution.

La conscience économique

Qu'est-ce donc qui est nécessaire ? Que nous déplacions le terrain sur lequel nous avons évolué jusqu'à hier. Le nouveau terrain est le terrain économique. Il faut créer cette conscience économique du fascisme par un ensemble de choses et par un ensemble de circonstances. Avant tout, parce que la politique fasciste, qui est une politique révolutionnaire destinée à reconstruire le régime et plus encore la race, ne peut rester attachée au décalogue d'une conception politique abstraite, mais doit devenir l'exaltation claire et précise de ce qui constitue la nécessité économique de notre pays. Mais, vous autres, Napolitains, vous devez comprendre et sentir par-dessus tout que la vraie politique n'est que la politique des œuvres et celle de la volonté. En dehors de cela, nous sommes en pleine démagogie, même si nous portons tous les insignes et si nous arborons tous les drapeaux tricolores possibles et imaginables.

Ce déplacement du plan de réalisation peut sembler fort simple à ceux qui prennent les choses à la légère : il s'agit de passer de l'état unitaire à un organisme économique. En vérité, ce passage est difficile parce que nous devons obéir à deux nécessités : celle de défendre à tout prix, avec une véritable intransigeance, l'esprit originaire du fascisme, et celle de l'orienter selon les nécessités. Pour que ces deux éléments se fondent ensemble, il faut les porter à une haute température.

Il faut créer une atmosphère supérieure au prix d'un travail d'éducation spirituelle intense.

La solution de la crise

Je ne connais pas dans son détail quelle est la route que le camarade Mazzolini a prise. Après avoir examiné ses œuvres, je viens déclarer ici mon absolue conviction qu'il a orienté la situation vers l'unique solution possible. Sur ce point-là, cependant, je dois faire quelques autres déclarations. La solution de la crise du fascisme napolitain ne peut être l'œuvre d'un seul homme. Notre camarade a d'excellentes qualités, mais il ne réussira pas dans son entreprise s'il n'est aidé par les dirigeants et par les simples adhérents. Le salut est en vous. Celui-ci sera le coordinateur, l'initiateur, le correcteur de votre action, mais vous serez les auteurs ou de votre puissance ou de votre ruine. Je dois ajouter quelque chose encore. Je ne prétends pas mettre en lumière ici la situation économique de Naples, mais vous conviendrez avec moi, je pense, qu'en dehors des rivalités de personnes, il y a un certain nombre de problèmes à résoudre d'une importance plus grande que la nomination du Secrétaire du Faisceau ou que celle des délégués des cercles de quartiers. Je ne vous demande pas de vous mettre tous ensemble à résoudre les problèmes fondamentaux de Naples, cité et province. Chacun a autour de soi un petit cercle d'activités diverses : l'administration communale, la direction d'un syndicat ; chacun d'entre vous aura quelques groupements d'hommes ou d'œuvres à contrôler, à surveiller, à discipliner, à encourager plutôt que de regarder obstinément le panorama de ruines placé devant nos yeux.

Les opposants sont désormais des merles solitaires qui peuvent fort bien servir à notre amusement, à notre joie, pendant une matinée de soleil, mais qui ne peuvent pas représenter la raison politique fondamentale d'un parti qui n'est plus un parti, mais bien la conscience d'un peuple et l'état d'esprit révolutionnaire d'une race. Nous sommes des hommes d'une nouvelle génération qui veut dominer. Il faut donc démobiliser les esprits dans un sens et les armer dans l'autre, avec ténacité, avec noblesse. Sur ce terrain politique et économique, je vous engage à être toujours plus intransigeants. Mais je vous avertis que l'intransigeance dans ce domaine n'est pas une chose simple. Se déplacer sur le terrain économique veut dire lutter à tout prix contre tout ce qui n'est pas fasciste. De cette façon seulement, nous organiserons les forces du pays, autrement nous serons carrément joués. Parce que, si nous ne faisons que des cortèges, les banques continueront à lutter contre nous à l'intérieur et à l'étranger. Il y a des questions de responsabilité qui doivent s'imposer à vous qui êtes chargés de remplir les fonctions d'administrateur de la chose publique. Vous n'êtes plus des hommes élus par le corps électoral, vous êtes les hommes que le régime a choisis.

Vous ne pourrez pas trahir cette grande confiance et ne pas sentir cette énorme responsabilité.

Les discours du Duce

Camarades, je n'avais pas et je ne pouvais avoir la mission de vous donner ici des directions spécifiques. Je pense que le camarade Mazzolini trouvera la formule de la solution. Je vous dirai seulement ceci : si, un jour, vous vous sentez déçus ou pleins d'amertume ou encore découragés, enfermez-vous dans votre chambre ; prenez en main un livre, quelque bon livre du fascisme, de ceux que je connais et, somme toute, il n'y en a qu'un : *Les Discours de Benito Mussolini*.

Il y a des passages qui contiennent l'histoire de bien des âmes, d'autres qui contiennent le tourment de l'âme italienne ; d'autres encore la tragédie de la puissance et parfois de l'impuissance italienne.

Lisez ces passages et cherchez à en faire vraiment la vie de votre esprit. Soyez certains que vous reviendrez au milieu de vos camarades, de vos subordonnés, de vos travailleurs, avec un sentiment de dignité, d'honnêteté, de responsabilité complètes. Vous sentirez vraiment alors que la révolution est accomplie en vous parce que vous aurez dépassé ce qui constitue la raison misérable, égoïste, pauvre et mesquine de la vie de chaque jour, faite de petites choses. De cette façon vous serez non seulement les membres d'un parti, mais les apôtres d'une Idée, les soldats d'une grande bataille.

17 août 1926-IV.

GÊNES

LE DISCOURS du Duce à Pesaro, discours d'une importance décisive en ce qui concerne la position et la fonction politico-économique de l'Italie, non seulement pour sa vie intérieure mais encore pour sa vie de nation dans l'Europe et dans le monde, a enfin fait la lumière sur le problème dominant de cette dernière période. Le discours du Duce n'est évidemment pas un discours improvisé ni la résultante d'une de ces rencontres entre le Chef et la foule : il est le résultat d'un examen patient, passionné, de la situation. Si le Duce a si nettement abordé la question et a déclaré d'une manière qui ne laisse place à aucune équivoque que pour la revalorisation de la lire il engagerait la bataille avec tous les moyens, cela veut dire évidemment que c'est là le problème fondamental de la vie italienne. Je n'entends faire l'histoire ni des origines ni du développement du fascisme parce que cette histoire est vivante devant les yeux de vous tous qui êtes avant tout des responsables. Chacun d'entre vous a présente à l'esprit, au moins dans ses grandes lignes, l'œuvre de la révolution : la période de la guerre et de l'après-guerre avec ses douleurs, ses désillusions, ses espérances, la création de cette conception de volonté et d'énergie, de puissance et de développement de la race. Il en est résulté le fait que les vieilles conceptions ont été dépassées ; aux hommes d'autrefois on a livré bataille ; les anciens édifices ont été détruits. Pour la première fois se pose aux Italiens le problème de savoir comment la nation vit et comment l'État peut vivre en fonction de la nation. En d'autres termes, nous avons dépassé la période de l'œuvre de transformation, de discipline, de restauration de la hiérarchie et du travail, période pendant laquelle nous avons assaini notre conception de l'administration de l'État et des communes et réalisé cette revalorisation morale et cette reconstruction sociale grâce auxquelles le fascisme est ce qu'il est vraiment : une révolution et non une restauration.

Les causes de la crise

La bataille dans ce domaine est définitive. À l'étranger même, nos adversaires de bonne foi le reconnaissent, et nos ennemis intérieurs, si déficients, le sentent comme une condamnation de leur impuissance. Aujourd'hui, par contre, que se passe-t-il ? Tandis que tous les éléments et les coefficients de la tranquillité, de la solidité et de la confiance dans le domaine financier nous sont complètement favorables, notre monnaie, pour des raisons que nous examinerons plus avant mais qui sont certainement complexes et non pas uniquement extérieures, continue à être dépréciée.

La recherche des causes n'est pas facile. L'une d'elles est certainement le déséquilibre entre le budget des importations et celui des exportations ; il est nécessaire de diminuer ce déséquilibre jusqu'à la limite du possible, et nous y réussirons.

Mais évidemment ce n'est pas là l'unique cause. Dans le jeu des forces, avec ses énergies et sa volonté de puissance et d'extension, l'Italie fasciste ne peut être traitée comme un peuple de gens résignés ou, dans l'hypothèse la plus favorable, entraînés à la remorque. Notre puissance nouvelle et le rôle qu'elle nous donne ne peuvent être facilement acceptés par autrui. De là le dilemme qui nous est imposé par notre position historique. Placés à la croisée des chemins, nous ne pouvons que choisir la route qui conduit à la lutte pour la puissance, pour l'indépendance économique, bien assurés d'autre part que le régime continuera à dominer, même si nous n'atteignons pas tous nos objectifs, parce qu'aucun régime n'est jamais tombé au cours d'une bataille économique quand il portait en lui des raisons de vivre d'ordre idéal.

La tâche nouvelle

Mais nous vaincrons. Il suffira que nous sachions créer une conscience et une discipline économique. Dans le discours de Naples, j'ai déjà illustré en détail cette nécessité de répandre et d'éduquer ce qui n'est pas un état d'esprit, mais le résultat d'une longue et pénible transformation de l'âme nationale. En résumé, je déclare qu'après avoir renouvelé les institutions — ayant réalisé pleinement notre révolution quant au plan fondamental — nous nous trouvons en face de l'autre grand problème, le problème économique et financier. Nous ne pouvons, par conséquent, demeurer attachés à la lutte d'hier qui revêtait un caractère essentiellement politique, non pas tant parce que nos adversaires sont désormais réduits à une infime minorité, mais parce que le terrain d'action est déplacé. Nous ne pouvons nous attarder à lutter autour de la première tranchée lorsque s'impose la nécessité d'une attaque nouvelle. C'est pourquoi il faut de nouvelles armes et une évaluation différente des tâches à accomplir, même si l'esprit doit demeurer inchangé.

En un mot, nous vaincrons si, dans tout notre système économico-financier, du centre à la périphérie, nous apportons notre esprit fasciste intransigeant qui a le courage de regarder la réalité de la situation jusqu'au fond en refusant de se laisser aller à l'illusion quelle qu'elle soit, bien décidé à adopter tous les moyens pour gagner définitivement la bataille.

Le piège économique

Il ne suffira pas, cependant, de surveiller ou de contrôler les organismes de la finance ; il faudra les conquérir, mais surtout les imprégner de cet esprit et de cette volonté.

Jusqu'à hier, nous pouvions craindre le piège politique ; à partir de demain, nous devons craindre le piège économique. Un peuple comme le nôtre, qui marche résolument en avant, ne peut accepter que la valeur de sa monnaie s'arrête, ou, qui pis est, recule. Nous voulons, par tous les moyens, de toutes nos forces, prêts à tous les sacrifices, que notre monnaie se stabilise avec des étapes lentement progressives.

C'est un droit et une nécessité qui dérivent de notre patient labeur et de la discipline de nos forces. Je sais bien qu'à vous, qui êtes les dirigeants d'hommes laborieux et tenaces, tout encouragement peut sembler superflu. Rappelez-vous pourtant que la bataille économique a des côtés rudes, comporte des difficultés, des pièges, mais surtout que sa durée dépasse celle de toutes les autres luttes. Pensez que le peuple, même s'il ne l'exprime pas, sent l'importance décisive de cette bataille. Après les terribles désillusions qu'il a subies, il a recommencé à croire et à vouloir, il est prêt à lutter et à souffrir encore en ayant confiance dans son Chef et dans le fascisme. Tâchons d'être dignes de cette grande espérance. Nous ouvrirons au peuple italien les portes de son avenir.

22 août 1926-IV.

CÔME

SI je pouvais accueillir dans mon âme le cri répété par vous ce matin et aujourd'hui, le cri de votre ardeur et de votre espérance, je donnerais aujourd'hui des ailes à cette âme pour entonner la nouvelle chanson du fascisme qui remporte la victoire, du fascisme qui exulte, du fascisme qui a conscience de l'épreuve surmontée et qui, pendant un instant, élève ses drapeaux vers le ciel dans la joie du triomphe enfin obtenu.

Si j'avais la possibilité de vivre simplement ces heures merveilleuses avec vous, ô camarades et frères, je devrais, en retournant auprès de mon Chef, de votre Chef, lui répéter que votre province à son tour — après la lutte patiente, tenace, lente et silencieuse, — est désormais un seul faisceau d'âmes et de volontés tendues avec décision dans l'effort, prêtes à toutes les batailles. Mais cela ne peut être. Ma tâche et la vôtre ne sont pas seulement de chanter. Nous devons vivre notre heure. Nous devons penser aujourd'hui à ce que nous voudrons et saurons être demain. Avant cela, nous devons aussi constater quelque chose, non pas pour le jeter au visage de nos adversaires, ni pour le simple plaisir de la victoire, mais parce que dans la constatation de ce que nous sommes réside l'espérance de ce que nous pourrons être.

Fascisme : école de puissance

Vous avez assisté, ce matin, à une magnifique fête religieuse. Les croyants de la province de Côme allaient au-devant de leur évêque pour lui rendre hommage et ils lui manifestaient leurs sentiments de dévotion en chantant un chœur qui montait jusqu'au ciel. Cet après-midi se réunissent des citoyens attachés à la même foi religieuse, mais fidèles aussi à une autre grande foi : celle de la Patrie. Eh bien, adversaires, vous qui vous épuisez en rivalités, en intrigues, en disputes, en amoindrissement de la liberté, inclinez-vous ; c'est le fascisme qui passe, école d'éducation civique et de puissance, le fascisme qui ne peut être uniquement un combat et une bataille ; le fascisme qui a été, à vrai dire, un entraînement désespéré, élevant notre cœur et le lançant en avant vers les buts les plus difficiles à atteindre, au milieu de luttes et de douleurs. Car c'est de la douleur et du martyre seuls que pouvait naître cette chose parfaitement belle, grande, lumineuse : notre Italie d'aujourd'hui non seulement étincelante par ses armes et par sa beauté, mais toute brillante de foi, de volonté et d'espérances.

Fascisme : labeur patient de la reconstruction et des semailles là où d'autres avaient fait le désert, aile de nos espérances, puissance reliant les forces vivantes de la production et du travail, ces forces qui naguère fatiguées étaient sur le point de renoncer à la lutte... Le fascisme n'est pas seulement tout cela, pas seulement une rébellion de la conscience de la race contre ceux qui la condamnaient à l'ignominie, il est encore et surtout cet effort d'élévation et d'éducation grâce auquel aujourd'hui nous pouvons affirmer avec sérénité que, devant la majesté de la Patrie, toutes les fois se retrouvent et s'exaltent.

Il arrive parfois que tel ou tel de ceux qui s'intitulent des intellectuels, mais qui ne sont assurément pas des hommes intelligents, prétendent tourner en dérision, avec un sourire qui se croit rusé mais qui n'est que splendidement imbécile, nos assemblées qui pourtant ne sont pas des manifestations chorégraphiques ni d'inutiles déploiements de drapeaux, mais le rendez-vous des consciences et le rassemblement des volontés pour cimenter les forces et pour éprouver les muscles en vue d'un nouvel assaut.

Eh bien, en présence de ceux-là, nous affirmons, une fois de plus, notre âme de bons combattants qui connaissent uniquement la passion du risque et la valeur du geste désespéré. Devant tous ceux-ci, critiques aigris et insatisfaits de toutes les belles choses, mécontents pour lesquels il n'est ni chef-d'œuvre de force, ni chef-d'œuvre de beauté, devant ces gens qui souffrent d'une éternelle maladie de foie, nous poussons notre cri de jeunesse, notre chanson de force et nous proclamons, une fois de plus : « Grâce à vous, grâce à votre esprit d'aigreur, l'Italie se mourait ; l'Italie souffrait à cause de vous et de votre vaine et froide culture ; ce n'est pas de vous que l'Italie a vécu à l'heure du tourment ; vous n'avez pas été dans les tranchées de la guerre ou, si vous y avez été, vous n'avez pas vécu la guerre, car si vous vous étiez penché avec un cœur fraternel et des mains pleines de pitié, souillées de boue et de sang, pour réconforter les agonies désespérées, un commandement devrait être resté dans votre cœur : ce commandement dit que la Patrie doit vivre de la puissance, de la justice, de la force de tous ses enfants. »

Forts pour être libres

C'est pourquoi, si quelqu'un sourit, laissez-le sourire. Tous ces gens-là sont des impuissants en vertu d'une condamnation fatale de l'histoire ; ne prenons pas des fantoches pour des héros et poursuivons notre marche en avant ; elle ne sera pas courte.

Nous ne sommes arrivés qu'à la première étape de notre chemin, bien que nous ayons accompli ce que d'autres n'auraient pas fait en un siècle.

Pensez que nous avons surmonté tant d'épreuves où les autres à notre place auraient succombé mille fois ; que nous avons défait des ennemis en face desquels les autres seraient probablement morts de peur mille fois. Malgré cela, malgré l'épreuve surmontée, bien que cette Italie puisse, le cœur serein et les yeux grands ouverts, contempler un plus vaste horizon, la victoire n'est pas atteinte. Que devons-nous vaincre encore ?

Nous devons gagner la plus rude des batailles, la bataille économique. Peut-être tel ou tel d'entre vous pensait-il qu'un jour viendrait où le monde de la diplomatie et de la finance, ce monde qui n'a pas de cœur parce que, s'il en a un, il l'a enfermé dans un coffre-fort, peut-être, dis-je, tel ou tel pensait-il que ces deux grandes forces s'inclineraient un jour devant cette Italie qui a pourtant donné six cent mille de ses enfants pour que la liberté de l'Europe fût sauvée. Tel ou tel pensait peut-être que devant cette Italie qui s'est retrouvée, diplomatie et finance internationale auraient ouvert leurs portes. Quelle naïveté ! Italiens et fascistes, rappelez-vous : pour être libre, il faut être fort ; pour être fort, il faut être puissant et exigeant.

Au lieu de nous ouvrir les bras, elles nous ont fermé les dernières portes. Verrons-nous donc cette Italie, si riche d'enfants, mais moins riche en ressources, en danger de ne pouvoir réaliser son avenir ?

Quand il semblait que la course devait être plus rapide, nous avons trouvé devant nous le mur glacé de la nouvelle hostilité. Peut-être a-t-on pensé qu'il n'était pas possible de maintenir immobiles ces quarante millions d'hommes qui ont travaillé dans tous les pays du monde, qui ont porté à travers toute la terre la marque de leur activité fébrile et qui ont semé partout, des Amériques aux Indes, les prodiges patients du travail humain. On a compris que si on ne l'arrêtait pas, cette Italie allait devenir encombrante.

Le commandement du Duce

Nous nous rendons compte que nous saurons nous suffire à nous-mêmes et que nous romprons le cercle. Que faudra-t-il pour cela ? Monter à l'assaut ? Tuer ? Mourir ? Non, camarades. Il faudra seulement vivre, mais vivre intensément avec la sévère discipline de tous nos efforts, avec la ferme conscience de ce que nous voulons, en croyant à la fraternité vivante des Italiens à l'égard des Italiens, avec la certitude que chaque effort doit être non pas individuel mais encadré dans l'harmonie intelligente et complète de toute la nation.

Il faudra faire peut-être quelques sacrifices aujourd'hui sur l'autel de la puissance de demain, il faudra que vous soyez une population d'artisans, de constructeurs, de travailleurs vous qui êtes dans la vie économique un élément assurant la puissance de la vie de l'Italie — en Europe et dans le monde — celui de l'industrie de la soie. Cette industrie, vous devrez la renforcer et augmenter sa capacité de rendement.

Il sera nécessaire que les riches se rendent compte que l'argent est une puissance quand il produit et un motif de condamnation quand il ne sert pas. Il faudra que tous, riches et pauvres sentent cette fraternité qui naît d'une loi de réalité, de puissance et de force.

Camarades, avant de partir de Rome, je suis allé demander à mon Chef ses ordres d'action de propagande. Le Duce m'a dit : « Dites aux fascistes de Côme non seulement mon salut, mais mon espoir, ma certitude même qu'eux aussi, comme les fascistes de toute l'Italie, sentiront la grandeur et la beauté de l'épreuve que nous devons surmonter. Dites aux fascistes de Côme quelle est la nécessité de l'heure présente. Dites-leur que j'attends la confirmation de cette volonté qui ne peut se traduire en serments et en vaines formules, mais qui doit s'exprimer sous forme d'œuvres réelles. »

Eh bien, camarades et citoyens de Côme, je ne vous demande pas un serment et moins encore un démocratique ordre du jour. Je ne vous demande pas un chant et je ne vous demande pas un hymne ; je vous demande seulement de savoir conserver dans votre cœur ces modestes paroles d'un homme qui veut uniquement et simplement servir l'Idée et de savoir en faire la discipline de toutes les heures, une école d'éducation et de préparation. Sachez brûler dans votre ardeur tous les égoïsmes, toutes les faiblesses, toutes les lâchetés, sachez ressaisir votre âme, la purifier, la rendre immaculée, belle et digne d'aller plus avant, vers toutes les épreuves, vers toutes les conquêtes.

———

VIOLENCE
CONSENTEMENT
DISCIPLINE

DISCIPLINE

SI le fascisme est une conscience nouvelle, plutôt qu'un parti dans le vieux sens du mot, cela signifie qu'il existe un état d'esprit collectif, une règle de vie, un style, un tour d'esprit, plutôt qu'un cadre rigide et un protocole.

En effet, la discipline ne doit pas être confondue avec la rigidité. Quand un geste, une pensée ou une œuvre est l'expression claire du nouvel esprit, on ne peut, à mon avis, en faire une question purement formelle. Et, en revanche, on ne saurait considérer comme parfaitement orthodoxe tout ce qui revêt les manifestations extérieures de la discipline, si la réalité intime ne répond pas à l'esprit et à la conscience fascistes. L'intransigeance, comprise en ce sens, est certainement plus difficile, mais elle est aussi plus rigoureuse qu'une intransigeance purement formelle. Tel un inquisiteur dominicain, j'estime qu'il faut être impitoyable à l'égard de tous ceux qui, même s'ils se parent d'aventure des dehors du fascisme, révèlent un esprit maçonnique et démocratique.

D'une interview du *Secolo*.

HONNÊTETÉ

IL faut avoir le courage d'être impopulaire, de défendre le fascisme à tout prix et vouloir de toutes nos forces gagner la bataille fondamentale : celle de l'honnêteté, non pas dans le sens ordinaire du mot, mais l'honnêteté de chaque jour, de chaque heure, de chaque minute. Si nous autres Italiens donnons ce spectacle, nous aurons gagné la plus grande des batailles.

Au Congrès fédéral de Venise, 10 mai 1926-IV.

LE TRAVAIL LE PLUS DUR

GARE à nous si la victoire nous rend paresseux et oublieux. S'il semble presque aujourd'hui que nos ennemis d'hier se soient tous évaporés au soleil de notre victoire et que la lutte n'est plus qu'un épisode sporadique contre la criminalité, en réalité c'est aujourd'hui que le travail le plus dur commence : celui de la construction des œuvres et des âmes. C'est une grave entreprise qui comporte une incomparable beauté et, ajouterais-je, nécessite un courage lumineux, sinon de l'héroïsme. Nous ne sommes plus en butte à la haine des ennemis de la patrie, mais entourés des basses flatteries auxquelles se plaisent les opportunistes et les sceptiques. Pour faire triompher la bonté et la pureté, il faut lutter encore avec ténacité et avec foi. Sur la tombe de celui qui s'est sacrifié, ayant foi dans la lumière, alors que régnait encore la nuit épaisse, jurez de revenir l'an prochain en apportant comme don ce que vous aurez fait de meilleur : vos œuvres de bonté italique et de puissance latine ; votre *moi* rendu plus fort, plus pur, plus élevé.

Commémoration de Faustino Lunardini[3],
10 mai 1926-IV.

---

[3] Membre du Faisceau de Brescia tué le 8 mai 1921, à l'âge de 19 ans, dans une embuscade socialo-communiste. (NDÉ)

INTRANSIGEANCE FASCISTE

SI par intransigeance on entend la volonté de maintenir intactes les lignes fondamentales de la conception fasciste, la volonté de maintenir dans notre action ce qui constitue la conception originaire du fasciste dans son expression la plus haute, la plus nette, la plus rigide, sans transactions avec sa propre conscience, en pensant que le fascisme est fondé sur la volonté passionnée d'accomplir des œuvres et de construire, je suis d'accord. Mais si par intransigeance on entend qu'il faut rester assis à ne rien faire et se complaire seulement dans le fait d'être des fascistes intransigeants ou de la première heure, pour moi c'est du bouddhisme, c'est du mahométisme, ce n'est pas du fascisme.

Au Ve Congrès provincial des Faisceaux de Brescia,
16 mars 1926-IV.

LA VIOLENCE IDÉALE

AUJOURD'HUI plus que jamais nous nous sentons légionnaires, non pas pour le vain et stupide plaisir de casser une
tête ou d'incendier une table, mais pour la sainte fierté de
défendre la pureté et la beauté de notre foi.

Et jamais, comme aujourd'hui, nous n'avons senti plus complètement et plus hautement notre mission : celle qui nous
appelait hier sur les places envahies par la foule ivre de stupidité
démagogique, celle qui nous poussait, minorité prête à tout,
contre un gouvernement inapte et peureux, celle qui nous fit
affirmer avec intransigeance la nécessité de briser les fausses
idoles de la démocratie opportuniste ou affairiste, du libéralisme
abstrait accoutumé à renouveler le geste de Ponce Pilate, du
Parti populaire mensongèrement religieux. Nous, légionnaires,
nous constituons contre tout cela, dans le domaine de la foi, de
la culture, de la production, des finances, du travail, l'expression
vivante de la puissance italienne, les œuvres puissantes et har-
monieuses de la reconstruction nationale, voulues et réalisées
par le gouvernement de Benito Mussolini.

Nous sentons que l'esprit légionnaire est plus vivant que
jamais, avec sa vision toute neuve de puissance et de violence
idéale et non pas matérielle, avec l'action du gouvernement qui
a su traduire en réalités, grâce à ses ordonnances et à ses
mesures, les aspirations de notre âme et le tourment de notre
inquiétude.

De l'article publié dans le *Popolo di Brescia*
sous ce titre : « Les Ennemis ».

LE CONSENTEMENT DES HUMBLES

CE nouveau fanion, élevé en un jour propice pour que combattants, mutilés, citoyens, enfants des écoles le regardent, représente une volonté de concorde, une volonté d'accord. Nous devons nous rappeler que les fanions sont à nous, exclusivement à nous ; mais ils peuvent être l'insigne de tous les citoyens de bonne volonté parce qu'aujourd'hui fascisme veut dire nation, veut dire tradition, veut dire victoire et veut dire aussi fierté de la race.

Sentez-vous cela, vous tous ici présents ? Je ne le crois pas parce qu'il y a encore parmi vous des gens qui doutent, qui hésitent.

Aujourd'hui, vous êtes des gens satisfaits parce que l'Italie a trouvé sa voie ; vous êtes des gens contents parce que vous avez trouvé un Homme de gouvernement dont vous sentez non seulement la volonté mais la force.

Mais ce n'est pas suffisant : un homme ne peut suffire pour accomplir le miracle de sauver une nation qu'il a ramassée agonisante.

C'est du peuple, des humbles, que doit venir un consentement fait de discipline et de travail. Il faut que tous donnent quelque chose à cette grande reconstruction, si nous ne voulons pas que soit brisée à son tour cette dernière tentative faite par le fascisme pour relever les destinées de la nation brisée, non plus à cause de cette honte que sont des ennemis de l'intérieur, mais à cause de l'incapacité que nous révélerions au monde entier après notre victoire.

À la cérémonie pour la reconstitution du Faisceau de Rovato,
27 novembre 1923-II.

PEINE SANS PEINE

E N cet anniversaire, jeunes gens venus à nous au cours d'un dur chemin, nous jurerons le nouveau pacte de fidélité et de concorde, nous exalterons le concours des valeurs et de la fidélité à l'Idée, servie au prix d'un sacrifice humble et conscient.

En cet anniversaire, nous exalterons les forces vivantes de l'intelligence et du travail et l'esprit des corporations, fondues en un élan magnifique de ferveur active pour réaliser la volonté nouvelle : la peine sans peine, le travail qui donne la joie, le geste fort qui crée l'amour, même s'il a été accompagné de pleurs.

Pour l'Anniversaire de Rome,
21 avril 1923-II.

LES BALILLA

LES BALILLA sont les hommes de demain, ce sont les petits enfants qui ont ouvert les yeux de leur intelligence devant une Italie qui renaît. Nos petits camarades sont nés de la guerre et seront les citoyens de l'Italie de demain. Eh bien, prenons soin de nos Balilla. Ils pourront être des citoyens parfaits si nous savons les rendre parfaits. Rappelons que l'école ne peut arriver à tout. La famille, le père et la mère, doivent compléter l'œuvre de l'école en corrigeant les mauvais instincts, en éduquant tous les instincts bons et forts. Il faut que chaque père sente le prix de ce grand rôle qui lui revient de former chez ses enfants des citoyens italiens, qui doivent être les premiers citoyens du monde. Le rôle d'éduquer les jeunes gens est le rôle fondamental de la vie du régime et de la vie de notre pays.

Au Vᵉ Congrès provincial des Faisceaux de Brescia,
16 mars 1926-IV.

LA PRÉPARATION

LETTRES DU FRONT À UN AMI

_____

20-9-1915

Vingt septembre : musiques qui éclatent, hymnes populaires, cortèges, déploiement de drapeaux, discours, distribution de décorations. Tout cela jusqu'à hier, aujourd'hui encore dans l'enceinte des villes qui ne connaissent pas la guerre. Et c'est peut-être là tout ce que nous possédons de meilleur... Un mauvais futuriste disait que le parfum est décomposition, qu'il est la bonne odeur d'un cadavre : la rhétorique est la part des choses que nous goûtons le mieux quand celles-ci sont déjà gangrenées.

Ici rien de semblable : aucune cérémonie, aucune palpitation. L'unification de l'Italie est encore chose lointaine ; le vingt septembre est une date. Je pense à tout ce qui est venu après ; les haines féroces, les rancunes, les petites factions lâches, les luttes insupportables ; je pense à la manière dont l'Italie s'est faite et je pense que peut-être Giolitti[4] est encore en train de comploter et beaucoup d'autres avec lui.

Bientôt peut-être nous irons au feu, mais je crois être le seul ou l'un des rares à le désirer. Peut-être mon rêve se flétrira-t-il, lorsque j'aurai dormi près du cadavre d'un soldat italien ou connu la saleté de la vie de tranchées au bout d'un mois de lutte. Pour le moment, non.

_____

[4] Giovanni Giolitti (1842-1928), président du Conseil partisan de la neutralité de l'Italie. (NDÉ)

11-3-1916

Tes paroles pour Lodi, tombé héroïquement, sont délicates et nobles. Quelle ingénuité, quelle pureté de foi il y avait en lui ! Et combien d'autres sont tombés aussi que nous ignorons nous et tous ceux que leur faiblesse, leur fatigue, leur ignorance font coasser comme un chœur de grenouilles.

Crie-le, toi qui es au milieu de ceux qui ont peur, que nous sommes forts, que nous sommes plus qu'hier décidés et sûrs de nous-mêmes, que nous vaincrons même sans leur encouragement et leurs applaudissements, crie-le que nous avons voulu la guerre, nous qui étions le petit nombre, et que nous aurons la victoire, nous qui aujourd'hui sommes nombreux parce que nous sommes forts.

Je t'ai déjà dit une fois que vous pouvez beaucoup, même en restant où vous êtes : fustigez sans merci tous les lâches, défendez contre tous l'œuvre de notre gouvernement et de notre armée, ne permettez pas que l'on discute.

Aux miracles que nous avons accomplis, il faut en ajouter un autre : celui de ne pas bavarder, de vouloir, d'oser.

C'est moi qui te le dis, mille autres jeunes gens consacrés par l'épreuve, hommes d'armes et de science, te le disent aussi : jusqu'au dernier, jusqu'à la victoire, jusqu'à la mort. Ce soir encore, il fait un temps de chien. L'artillerie travaille des deux côtés des lignes.

Je pense à vos théâtres, à vos concerts, à vos fêtes, et il me semble que vous devez si peu vous amuser...

C'est le carnaval ! je m'en souviens seulement maintenant que c'est fini...

C'est Pâques que nous voulons, des Pâques de résurrection et de victoire. Et maintenant, adieu. Je suis un peu fatigué moi aussi, j'ai beaucoup marché aujourd'hui dans la boue terrible des pentes de la montagne. Je dormirai d'un sommeil magnifique, sans rêve.

———

15-4-1916

J'ai reçu ta lettre, mais je n'ai pas encore trouvé de temps pour te répondre. Jusqu'à maintenant, le printemps fleurit un peu ; espérons qu'il continuera. Heureusement la tranquillité ne m'abandonne jamais et je trouve le temps de sourire même ici. Toi, marche tranquille et sûr de toi vers le noble but que tu ne peux manquer d'atteindre. Enseigne aux ouvriers qui t'écoutent que nous combattons ici pour eux également, mais aussi pour cette liberté qu'ils ont si souvent gâchée. La discipline : voilà la grande force ; mais pour l'aimer, il faut la respecter.

———

18-4-1916

Pâques s'approche... Pour être vraiment joyeuses, nos Pâques doivent être des Pâques de complète résurrection. Tout ce qui est honteux doit être mort définitivement ; tout ce qui est lâche, faible, égoïste, n'est plus à nous. Une beauté idéale de sacrifice éclaire toutes les cimes ; chaque tourment, chaque mort, chaque douleur s'élève jusqu'à devenir une foi.

Quel que soit notre destin, nous voulons chanter enfin l'hymne de notre vraie et grande liberté.

Quiconque a peur, craint, hésite, ne peut être avec nous. Il faut que chacun éprouve le dégoût de cette engeance...

———————

29-7-1916

Un peu de repos après quinze jours d'anxiété et de combat. Mon bon capitaine et quelques-uns de mes plus chers frères d'armes sont tombés. Mais aucun de nous ne compte ; il faut vaincre, repousser l'ennemi.

Je te donne mes mains fatiguées, mon âme sereine. Adieu.

––––––––––

9-9-1916

J'ai perdu l'aptitude à écrire, peut-être même à penser.

Cette vie toute physique, cette vie toute petite, même si elle accomplit des choses immenses, annule cette faculté artificielle que nous avons créée en nous avec la fièvre littéraire et les complexités intellectuelles et sentimentales.

Parfois, par hasard, après avoir rencontré un lettré, sous-lieutenant de la territoriale, arrivé depuis peu ou envoyé au front, ou encore un philosophe, la vieille maladie me reprend, mais il est clair que la chose ne dure pas.

D'ailleurs, on est mieux ainsi : je sens en moi, dans la solitude, fleurir, sourire des sentiments... non, des choses nouvelles.

Il me semble vraiment qu'en dedans de moi soit né quelque chose d'organique, de matériel.

Je ne te cacherai pas que j'aime la guerre : nous avons grandi avec un désir insatisfait de grandeur, désir qui se repaissait de duels moyenâgeux, d'exploits garibaldiens ou mieux, de gestes garibaldiens, de rébellion, de panache et de chansons, et nous nous sommes trouvés obligés de faire les comptables et les lettrés de revues à vingt centimes.

Nous étions des mécontents, nous le redeviendrons après, mais pour le moment, je suis à ma place. Et je t'assure que la guerre moderne n'est pas gaie : elle me plaît cependant.

Lorsque sur une position que tu as prise d'assaut, parfois après des jours et des jours de tentatives, de luttes, d'usure, se déclenche le choc de la contre-attaque, tu sens toute la fierté et toute la beauté de la vraie victoire. Les ennemis viennent par bandes, bondissant hors de leurs abris, leur volonté se manifeste dans leur allure, dans leurs poings, dans leurs rires... et nos fusils tirent et nos mitrailleuses chantent. La horde s'est arrêtée, elle disparaît. Alors commence le terrible jeu de l'artillerie. Sur ces quelques mètres de terrain perdu, un mamelon, un petit plateau, l'artillerie ennemie déverse toute sa rage métallique... Certes l'Italie peut faire encore beaucoup, elle peut encore tout faire.

La France n'a presque plus d'hommes ; elle s'est sauvée par son matériel.

La Russie a l'hiver ; l'Angleterre a trop de tout et perd son temps à faire des comptes.

Nous avons encore des hommes ; nous aurons toujours plus de matériel, nous avons un peuple qui comprend, cela suffit pour demeurer sereins.

Mais l'Italie a été si libre, si forte et si prompte.

La guerre a sauvé l'Italie, et ce sera mieux encore si la guerre victorieuse dure. Nous devons vaincre, nous pouvons vaincre plus que tous les autres.

Il tombe beaucoup d'hommes ! mais beaucoup se lèvent qui rampaient et somnolaient.

Demain vous devrez remporter la victoire avec vos machines et avec votre métier : mais il faut que vous soyez prêts, quand nous déposerons les armes, à soigner nos rhumatismes.

Commencez aussitôt la mobilisation.

———————

10-9-1916

Ici nous nous préparons à l'épreuve imminente : je rêve, à cette heure, avec anxiété et tourment parce que l'attente oppresse. La guerre, vue d'ici, n'est pas cette belle chose que nous avons peut-être pensée. Ici aussi, il y a des égoïsmes et de l'incertitude lorsque, au fond de l'âme, il ne s'agite que le désir du ventre et du bas-ventre, mais pour nous qui sommes malades d'hésitation sentimentale trois fois sainte, pour nous qui sommes d'inquiets chercheurs de certitude, nous pouvons aussi y trouver le moyen de regarder enfin au fond de nous-mêmes et des autres.

Plus tard, si nous survivons, nous réussirons peut-être à comprendre si nous sommes absolument des imbéciles ou des gens qui s'étaient trompés de route grâce à un faux élan.

Nous verrons.

Il y a quelques jours, nous avons eu une fête de foi : une commémoration de nos morts malheureux.

Longoni a parlé au nom des volontaires de la *terrible* en disant un certain nombre de choses excellentes.

Pendant un instant, nous avons tous senti que nous saurons remporter la victoire.

Combien faudra-t-il de temps ? Beaucoup, si la nation tout entière n'est pas prête derrière nous à faire sa guerre.

Vous qui avez été les animateurs d'hier, soyez ceux de demain.

L'hiver s'approche lentement ; la bataille la plus rude nous attend.

Mes soldats s'amusent en ce moment à jouer à cache-cache et rient comme des fous : le canon tonne sans interruption.

———————

17-9-1916

Tu es triste, trop triste. Tu continues à souffrir du mal dont nous souffrions ensemble. Moi aussi, je sais ce que tu sais, mais cela ne me fait pas peur, je n'en souffre pas. Il me semble que toutes ces vilaines gens sont trop bas, trop sales pour pouvoir vraiment faire du mal à qui sait combattre et à qui sait mourir. Et puis, il y a aussi de braves gens, et beaucoup ; seulement l'œuvre du méchant se remarque davantage.

Nous sommes ici au milieu des alpins. Ce sont de beaux soldats et de belles âmes. Je fais de longues marches et je me rappelle ton bel enthousiasme pour les excursions de montagne. Comme tout paraît petit, misérable, bas, de là-haut.

Et quel bon repos après ! sans rêve et sans cauchemar.

———————

21-10-nuit

J'ai l'esprit tout rempli de l'image de Battaglia et de Bianchi. J'ai eu un instant de faiblesse et j'ai pleuré. Puis j'ai pensé que tous ces morts marquent les étapes de notre victoire.

Que comptons-nous, que vaut notre jeunesse devant la nécessité de vaincre ? Ceux qui ont douté peuvent pleurer, mais non pas nous, jeunes gens qui avons souffert hier et rêvé d'une Italie forte et libre.

Tu resteras pour évoquer le souvenir de Lodi, sereinement insouciant et rebelle, Bianchi jouisseur et... démocrate, Lenghi, enfant aux rêves héroïques, Quaglieni, naïf et bruyant, Battaglia ouvert et clair comme une fleur de printemps. Tu resteras pour dire que tous ceux-là sont tombés et savaient pourquoi ils tombaient. Je te l'assure, aucun d'eux n'a jamais tremblé, aucun d'eux n'a eu un instant d'hésitation. Et maintenant il est tard. Je suis fatigué. Dehors de l'eau, du vent, les ténèbres...

30-11-1916

Certes, ici on est meilleur parce que le terrible sentiment de la vanité fait défaut ; ici il n'y a que l'orgueil magnifique.

Ici aussi on est faible, ici aussi on désire vainement, ici aussi l'on hait ; mais la grande vérité, c'est qu'ici on est seul.

Pour chacun de ceux qui combattent, il y a une heure où l'on se sent terriblement seul ; et alors l'âme, l'esprit, le cœur — appelons cela comme tu veux, cette chose dont nous ne savons ce qu'elle est et dont souvent nous avons confondu la voix avec ces mille autres souvenirs qui éveillent un écho au-dedans de nous — parle et formule ses pensées.

Mon âme, auparavant, je ne la connaissais pas ; aujourd'hui, oui. Malheureusement, c'est trop tard. Toutes les vérités ne peuvent plus rien m'enseigner à moi ; je puis cependant être utile aux autres.

Ici je suis bon dans le sens que j'attribue à ce terme : bon parce que je sais travailler.

Et toi, ne crains pas : tant que tu sentiras en toi la joie d'être et d'agir, tu ne peux être mauvais. Et crois-moi : le secret réside dans la bonté.

Ce sont là des mots qui te feront un peu sourire, mais qui, à moi, me semblent si vrais.

Adieu, aujourd'hui j'ai bondi comme un chevreuil à travers les montagnes. Je dormirai sans rêve, avec assurance et sérénité. Écris-moi bientôt.

2-5-1917

L'envolée patriotique m'a fait sourire : je ne sais pourquoi, je ne puis sentir les tirades de rhétorique de ce genre. L'amour de la patrie est comme la foi religieuse : je voudrais que l'un et l'autre fussent muets, purement une exaltation et une élévation, faite de timidité, de silence, d'attente. Il y a trop de gens qui braillent leur amour pour la patrie mais tremblent à chaque instant et sont toujours lâches. Mieux vaut travailler en se taisant et laisser aux autres le soin de constituer le chœur.

———————

26-5-1917

Oui, l'Autriche a déversé sur nous toutes ses réserves d'hommes et de matériel. Cela vaut mieux ainsi : nous sommes enfin seuls contre le terrible ennemi. Les gens malveillants, à l'intérieur et au dehors, qui sifflotaient avec ironie : « Pauvre Autriche : c'est Horace tout seul contre la Toscane entière » se taisent confus et effrayés.

Nous sommes enfin seuls, visage contre visage, baïonnette contre baïonnette. Si nous en sortons, nous suivrons, à partir de maintenant, notre plus lumineux destin. Chaque sacrifice est bien petit, chaque renonciation un don bien misérable. Ici, on ne fait ni devis ni bilan : on joue sa dernière carte qui peut vous sauver ou vous perdre définitivement.

Parmi les brigades héroïques, citées à l'ordre du jour, se trouvent les chers compagnons de notre enfance et de notre jeunesse : je les savais prêts à tout et sûrs d'eux-mêmes. Jeunes gens que j'ai dirigés dans les manifestations, que j'ai incités à l'amour de l'art, de l'énergie, de la liberté... Je savais qu'ils ne manqueraient pas... bravo ! je souris et j'attends mon tour.

28-6-1918

Finie la magnifique action que je ne pourrai jamais te décrire, parce qu'elle a été tout un poème d'héroïsme. Maintenant je travaille à reconstruire l'histoire de ces journées que nous avons vécues pour qu'il demeure quelque chose, dans l'avenir, de ceux qui sont merveilleusement tombés.

C'est la première véritable victoire de l'Italie. À partir de maintenant, si le pays le veut, nous vaincrons toujours et toujours mieux.

3-9-1918

Tu es catastrophique. Nous ne voyons que ce morceau de terre qui se trouve devant nous et que nous devons et savons défendre. Vous voyez les causes des causes.

Moi non plus, je ne comprends pas grand'chose, mais peu importe, j'ai appris que c'est encore l'unique moyen de sembler intelligent.

Une chose est nécessaire : que nous soyons complètement victorieux, et pour cela, il faut avant tout que nous puissions nous dire à nous-mêmes la vérité. Tout ce qui arrive aujourd'hui, tout ce qui arrivera demain est naturel, c'est dans l'ordre des choses, il est inutile de s'en étonner. Cessons une bonne fois de croire qu'il y a quelqu'un qui se sacrifie pour nous.

« Il faut tuer », voilà la terrible nécessité.

———

10-1918

Notre bataille est terminée ; c'est maintenant la vôtre qui commence. Il faut que les mécanismes de la paix fonctionnent comme les engins de la guerre. Maintenant les embusqués viendront au front. En avant !

———————

11-11-1918

Depuis plusieurs jours je regarde autour de moi comme je n'ai jamais regardé. Mais je vois peu... Je voudrais être au milieu de vous et m'enivrer de vivats.

Même aujourd'hui, vous ne pouvez pas m'envier... J'ai été hier et aujourd'hui sur notre Carso et au-dessus de Trieste.

Tu as eu des heures d'attente ennuyeuse ; nous avons pensé que tout était fini. Les démobilisés chantent — l'ivrogne aime sa patrie, la tragédie de notre conscience continue. Mais ne crains rien ; nous qui avons souffert continuerons à l'aimer...

À Chions, les barbares ont coupé la main d'une mère parce qu'elle ne lâchait pas sa fille. À Pravisdomini, on a tué un père. Et alors on aime l'Italie... Et maintenant, adieu.

Bientôt je reviendrai pour recommencer la vie et, cependant, personne n'est aussi serein que moi, personne n'a autant d'assurance...

_____

13-12-1918

Je lis anxieusement les journaux mais, comme d'habitude, j'y comprends toujours moins. Peu importe. Ici, nous sommes prêts du premier au dernier, possédés par une seule idée mais bien claire : l'Italie doit être grande, libre, forte.

Nous pouvons discuter sur tous les points, mais non pas sur celui-là.

Un jour, en présence de la mort, nous avons pensé et voulu cette chose pleine d'assurance et d'audace : n'être qu'une flamme vivante. Demain, peut-être, la vie nous reprendra avec ses mains tenaces ; aujourd'hui pas encore, et peut-être sommes-nous ainsi un grand nombre, même si beaucoup ne savent pas le dire.

Salue tous nos amis et souviens-toi de moi.

———————

XXIV MAI[5]

CHERCHONS à donner un style fasciste même à la commémoration de cette date. Vous ne vous attendez pas d'ailleurs à ce que j'évoque avec un lyrisme ailé et poétique le « Mai radieux » et les « Vertus de notre race ». Je veux, au contraire, vous dire quelques vérités un peu dures, dures comme étaient les tranchées toujours.

Depuis de longues années maintenant nous commémorons notre intervention, mais aujourd'hui seulement, après onze ans, l'Italie tout entière a compris la signification de cette date. Jusqu'à aujourd'hui, la plus grande partie des Italiens assistait à des discours et à des cortèges, comme ceci — parce que le peuple et les bourgeois en général aiment les parades — tandis qu'une autre partie, la rouge, maudissait plus ou moins fort le commencement de la « Boucherie ».

Et nous, les anciens combattants ? Nous étions tous emportés par une tragédie spirituelle et matérielle qui, même chez les plus timides et les plus faibles, engendrait le phénomène de la nostalgie de la tranchée.

Combien parmi nous, en allant à la guerre, connaissaient le pourquoi du bref commandement qui nous arrachait à nos familles, à notre labeur, au relatif bien-être d'une vie tranquille et sûre ? Peu, très peu, le petit nombre de ceux qui dirent aux

---

[5] 24 mai 1915 : L'Italie, après dix mois de neutralité, entre dans le conflit en déclarant la guerre à l'Autriche-Hongrie, empire auquel elle était liée depuis 1882 par le traité de la Triplice. (NDÉ)

foules : « Nous devons délivrer Trente et Trieste — nous devons lutter pour sauver la liberté du monde. »

Le petit nombre de ceux qui sentirent cela ne réussit pas à le faire comprendre à la masse : il serait faux d'affirmer le contraire et cependant le soldat italien mal préparé, surpris, naïf comme un enfant, s'est battu merveilleusement bien... même s'il ne connaissait pas le pourquoi du 24 mai. Son cerveau l'ignorait, mais l'obscur instinct de la race, qui dirige l'impulsion des masses, le sentait.

———————

Pour nous délivrer nous-mêmes

ET presque inconsciemment, en ces dernières années tourmentées d'après-guerre, l'instinct obscur est allé s'éclairant peu à peu dans nos consciences jusqu'à la radieuse certitude d'aujourd'hui.

Nous n'avons pas combattu, nos meilleurs compagnons ne sont pas morts uniquement pour délivrer les terres rédimées ou uniquement parce qu'il n'était pas juste que le monde entier dût coiffer le casque à pointe teuton ; nous avons lutté et souffert, nous avons crucifié notre chair et notre âme aussi, et peut-être surtout notre âme, pour nous délivrer nous-mêmes.

Nous étions une génération de paresseux et d'ignorants, de sceptiques, de mécontents.

C'était la mort lente d'une race et seul le rouge génie de la guerre put nous rendre à la vie. Précipités dans la fournaise, nous avons tous été forgés à nouveau sur un modèle bien différent de celui d'autrefois. Et pourtant nous sommes revenus de la guerre sans avoir conscience de ce qui s'était passé en nous. Nous sommes revenus, marchant d'un pas rendu chancelant par la fatigue physique, nourrissant l'illusion de reprendre avec nos anciens vêtements bourgeois notre vie paresseuse et égoïste. Mais nous avons dû bien vite nous apercevoir que les anciens habits bourgeois étaient devenus trop étroits pour notre thorax élargi et que la vie paresseuse d'autrefois ne pouvait plus être l'idéal de celui qui s'était habitué à projeter son âme au-delà même du but à atteindre.

Beaucoup, tout en souffrant, ne comprirent pas leur malaise du passé, leur tourment de l'avenir.

Un petit nombre, conduits par un seul, comprirent que le combattant qui s'était renouvelé dans le creuset de la guerre devait à son tour renouveler sa vie. Et ils jetèrent leurs vieux habits moisis pour endosser à nouveau l'uniforme déchiré du combat.

———

Le petit nombre a vaincu.

ET le petit nombre a vaincu, l'esprit de la lutte l'a emporté sur la misère sordide de l'égoïsme, de la lâcheté, de l'indifférence.

Or, si ce fut le courage indompté de Sa Majesté Victor Emmanuel III qui nous conduisit à notre première victoire sur l'ennemi, n'oublions jamais, camarades, que ce fut Benito Mussolini qui nous conduisit à la dure victoire sur nous-mêmes.

Deux luttes gigantesques, deux victoires prodigieuses. C'est votre foi à tous aujourd'hui ; car, après avoir couronné l'autel de nos frères morts à la guerre, vous irez déposer des fleurs sur l'autel de nos frères morts pour la paix. Recueillons-nous donc religieusement dans le souvenir de nos héros et de nos martyrs et jurons que l'avenir sera digne de leurs sacrifices.

Aux combattants de Brescia,
24 mai 1926-IV.

POSTFACE

L e consul Augusto Turati exprime l'âme fasciste dans ses discours aux ouvriers, aux travailleurs ruraux, aux syndica-
listes, aux militants fascistes. Ce sont des discours de 1926
quand Turati a été nommé par Mussolini secrétaire du parti afin
de révolutionner les hiérarchies et d'empêcher la logique de l'appareil de neutraliser l'esprit révolutionnaire.

Ce sont des discours secs et essentiels, presque totalement
dénués de rhétorique. Ceci est surprenant pour la psychologie
des masses, surtout à l'époque où ils sont prononcés.

Turati est un homme sobre, sec, déterminé, armé de volonté.
Il voit le fascisme comme quelque chose de nouveau qui fait
irruption dans l'histoire en changeant la société pour vaincre
l'égoïsme libéral et la médiocrité démocratique. L'engagement
auquel il veut consacrer le parti entier est précisément l'accomplissement de cette révolution. Il ne cherche pas le consensus
facile des masses ; pour lui il est essentiel que des minorités
sélectionnées opèrent cette révolution dans le dévouement et le
silence.

En parfait fils de son époque, Turati interprète cette révolution comme quelque chose de social qui s'épanouit dans une
nouvelle forme d'économie, il y voit quelque chose de national
qui doit conclure le travail de transfiguration héroïque des tranchées de ce qu'en Italie on appelle la Grande Guerre (1915-
1918).

Certaines de ses lettres du front, en annexe au texte, sont indispensables pour comprendre l'esprit de Turati. Celle du 2 mai 1917, quand l'Italie est en difficulté, est emblématique. Sa critique sans compromis de la rhétorique patriotique annonce sa ligne politique. Il méprise ceux qui se gargarisent d'un héroïsme qu'ils ne connaissent pas et, se tournant vers les guerriers des tranchées, il dit « Mieux vaut travailler en se taisant et laisser aux autres le soin de constituer le chœur ».

Cette philosophie il l'appliquera au parti. Malheureusement, l'appareil gagnera le défi et imposera la logique, peut-être obligatoire, des compromis : Turati sera remplacé en 1929 et se retrouvera alors en disgrâce politique.

Ce sont précisément des histoires comme celles-là qui seront reprochées au Régime par tous ceux qui, en 1943, après la trahison du roi, prendront les armes pour établir avec Mussolini la République sociale italienne.

Alessandro Pavolini, secrétaire du nouveau parti, le Parti fasciste républicain, créateur et commandant des Brigades Noires, prendra la suite d'Augusto Turati.

L'idéal stoïque et à la fois sacrificiel est le leitmotiv de Turati, ce sera également celui de Pavolini.

« Mais il est nécessaire, dans cette période qui est particulièrement difficile et peut-être décisive, que nous regardions en nous-mêmes, avant tout parce qu'aucune lumière, aucune direction ne peuvent être fournies par la critique d'autrui » déclaret-il à Turin le 21 avril 1926.

Intransigeance et don de soi : Turati précède Pavolini pour qui le fasciste est celui qui doit guider le peuple, en tant que peuple, et donner l'exemple dans le sacrifice, même de sa propre vie, sans vouloir recevoir des honneurs et des récompenses. Le 30 avril 1926, à Rome, Turati déclare : « Il faut par-dessus tout un effort patient sur nous-mêmes, une discipline constante de nos gestes, une intransigeance substantielle qui n'a peut-être pas les grandes lignes de l'intransigeance absolue, mais qui exige une patience plus grande et un sens plus net de la responsabilité. Il faut apprendre à mépriser bien des choses que nous avons aimées hier. »

L'idéal fasciste est une mission de civilisation qui doit être accomplie en réaction par « une génération élevée dans le culte de la démocratie, l'admiration du nombre, la surestime de l'individualisme » et il incite à « Nation, production, collaboration des classes » (Turin, 21 avril 1926).

Tout cela est un style de vie, une révolution. « La force du sourire » ; « Une bonté forte » ; « Savoir se taire ».

Cette révolution politique et existentielle est née de l'expérience des tranchées. « Je sens en moi, dans la solitude, fleurir, sourire des sentiments... non, des choses nouvelles. Il me semble vraiment qu'en dedans de moi soit né quelque chose d'organique, de matériel. Je ne te cacherai pas que j'aime la guerre » écrit-il du front à un ami le 9 septembre 1916, alors qu'il se bat depuis un an. Et cette fois aussi, il a un regard intransigeant et sélectif. En fait, le lendemain, il écrira « Ici aussi, il y a des égoïsmes et de l'incertitude lorsque, au fond de l'âme, il ne s'agite que le désir du ventre et du bas-ventre, mais pour nous qui sommes malades d'hésitation sentimentale trois fois sainte, pour nous qui sommes d'inquiets chercheurs de certitude, nous pouvons aussi y trouver le moyen de regarder enfin au fond de nous-mêmes et des autres ».

Nous sommes en présence d'une sorte d'existentialisme guerrier, de la perception transfigurante de la métaphysique de la guerre, éléments sur lesquels Ernst Jünger et Julius Evola insisteront grandement.

Une vision aristocratique qui peut contredire la vocation sociale et économique de Turati.

Mais les textures du tissage fasciste sont complexes et imbriquées.

Cette même vision sera le fondement de l'École de mystique fasciste, créée par le frère du Duce, Arnaldo Mussolini, et animée par un esprit que l'on peut définir avec un paradoxe, ce qui dans la logique fasciste n'en est pas un, comme hérétique orthodoxe. Cette élite, dirigée par Niccolò Giani, comprendra Berto Ricci, l'anarque gibelin, et avec lui Guido Pallotta, Telesio Interlandi et Ferdinando Mezzasoma, qui sera le ministre de la Culture de la République sociale italienne et sera fusillé avec Pavolini et les autres hiérarques, le 28 avril 1945 montrant une sérénité extrême. Giani, Ricci et Pallotta, partis comme volontaires, sont morts en première ligne sur les différents fronts de la guerre. Ces mystiques, qui collaboraient avec Julius Evola, avaient mis l'accent sur l'aspect existentiel et avaient également souligné la polarité du contraste entre Rome et Carthage (mais aussi Rome et Jérusalem comme Rome et Londres) et étaient pourtant considérés comme des fascistes de gauche.

Un nouveau paradoxe. Avec tout le respect dû à la mentalité française qui voudrait tout expliquer au moyen de formules précises, il est impossible d'analyser et de critiquer le fascisme avec les schémas du rationalisme : il les déconcerte toujours. Dans lui parle l'esprit romain conjugué à l'âme méditerranéenne et il est impossible de l'enfermer dans une cage.

Turati déjà, le 21 avril 1926 à Turin, invoquant l'avènement d'un Ordre Nouveau, avertit « Or, toutes les critiques du fascisme ont un tort absolu au début : ils jugent le fascisme d'après leur propre état d'esprit, ce qui engendre des erreurs consécutives d'incompréhension de perspective, de proportion et d'équilibre ».

C'est tellement vrai. Le fascisme est un élément absolument nouveau — et ancien — par rapport à la modernité rationaliste et démocratique : il est un phénomène rationnel en ce sens qu'il organise des éléments irrationnels, à la fois sous-rationnels et super-rationnels. C'est un phénomène complexe mais toujours voué à la synthèse, c'est une conception de vie qui impose l'action toujours fusionnée avec la pensée et qui est avant tout orientée instinctivement, mais avec une sorte d'instinct métaphysique uni à l'expérience de la vie.

Il n'y a pas de formules théoriques qui puissent être sérieusement appliquées à ce phénomène singulier : même les plus justes ne sont pas à la hauteur car, dans l'âme fasciste, il y a toujours une légèreté héroïque et le plaisir du paradoxe.

Même quand nous disons que Turati a exprimé la ligne révolutionnaire qui sera reprise par Pavolini, nous disons une demi-vérité. Toute la période du Régime, dans laquelle les compromis et les équilibres furent nombreux, s'est révélée révolutionnaire sur les plans social, culturel, économique et spirituel. Nous pouvons dire avec plus de certitude que les Turati, les Ricci, les Giani, les Pavolini furent ceux qui gardèrent allumées les flammes et qui agirent davantage sur les consciences et contre l'embourgeoisement des âmes, mais le fascisme était une totalité qui n'aurait jamais pu se passer de ses spécimens mystiques, mais ne pouvait même pas s'épuiser en eux.

Dans la préface de ce livre, Benito Mussolini, faisant l'éloge de Turati, écrit : « La passion sans la foi peut aboutir à un élan désordonné ; la foi sans la passion peut tomber dans le conventionnalisme routinier et froid ; la passion et la foi, unies à la sagesse, déterminent au contraire l'harmonie de toutes les qualités les plus hautes de l'esprit humain et l'équilibre parfait. »

C'est un éloge à l'esprit de Turati, mais c'est aussi une explication parfaite de ce qu'a été, ou de ce qu'a essayé d'être, le Fascisme.

Gabriele Adinolfi

TABLE DES MATIÈRES

Janvier 2019
Reconquista Press
www.reconquistapress.com

www.ingramcontent.com/pod-product-compliance
Lightning Source LLC
Chambersburg PA
CBHW050730030426
42336CB00012B/1503